Nora Philine Hansing

Zeitenwende – Dimensionen des Umbruchs

Nora Philine Hansing

Zeitenwende

Dimensionen des Umbruchs

Eine innere Perspektive des Wandels

Dem wachsenden Licht der Welt gewidmet.

Bücher haben feste Preise.
1. Auflage 2022

Nora Philine Hansing
Zeitenwende – Dimensionen des Umbruchs

Umschlag:
Illustration: Anselm Lentz
Gestaltung: Dragon Design, GB

Satz und Gestaltung:
Dragon Design, GB
Gesetzt aus der Minion

Gesamtherstellung: Appel & Klinger, Schneckenlohe
Printed in Germany

ISBN 978-3-89060-809-9

Neue Erde GmbH
Cecilienstr. 29 · 66111 Saarbrücken
Deutschland · Planet Erde
www.neue-erde.de

Ein menschliches Wesen ist ein Teil des Ganzen,
das wir »Universum« nennen.

Albert Einstein

Jenseits der Straßen
von Wirtschaft und Profit
liegt ein Weg
der Zukunft heißt
der der Seele gehört.

Inhalt

Zu Beginn

Mit »Erwachsen – die neue Welt beginnt in uns« habe ich mich erstmalig durch ein Buch an die Welt gewandt, um das Zeitgeschehen aus einer anderen Perspektive zu betrachten, von der aus ich die aktuell stattfindende globale Transformation zu zeigen und zu stärken beabsichtige.

Seitdem hat sich – im Zuge der weiteren Geschehnisse der Welt sowie persönlicher Entwicklung und Erkenntnis –meine Betrachtung um entscheidende Facetten des Bewusstseins erweitert, die ich auf eine Weise als essentiell empfinde, welche mich dazu treibt, mit diesem Werk nun ein weiteres Buch folgen zu lassen, um darin die tiefgreifende Dynamik des Wandels zu verdeutlichen, die sich mit uns und durch uns als Menschheit auf diesem Planeten Erde vollzieht.

Vieles, das in »Erwachsen« zwar als hintergründiger Antrieb des Ausdrucks präsent und bestimmend war, zeigt sich mir nun klarer und in tieferer Qualität, sodass ich das neue Wissen jetzt nach außen tragen will.

Dieses Buch ist dazu bestimmt, uns daran zu erinnern, dass alles temporäre Geschehen auf dieser Welt, das sich mit uns und durch uns Menschen vollzieht, in einem größeren Zusammenhang steht. Es ist geschrieben, eine Dimension des gegenwärtigen Seins zu eröffnen, welche wir Menschen lange Zeit aus unserem Bewusstsein verbannt haben.

Was der Betrachtung und dem Umgang mit dem Zeitgeschehen sowie der Position unserer selbst als Menschheit innerhalb dieser Dynamik am meisten fehlt, ist das Verständnis dieser beiden innerhalb eines erweiterten Kontextes, welches uns dazu befähigte, Potentiale zu begreifen und zu reaktivieren, die uns zu souveränen

Gestaltern der komplexen Wechselwirkungen erheben können. Kollektiv scheinen wir mehr und mehr in eine Ohnmacht zu gleiten, aus der heraus unsere Kräfte willkürlich in die Welt hineinwirken. Wir bewegen uns zwischen extremen Polen der Destruktivität und Transformation in eine Form erneuernden, zukunftsfähigen Wirkens und Seins. Doch noch entbehren wir einer übergeordneten Perspektive, die unserem Handeln eine richtungsweisende Qualität und unserer Intention eine Überzeugung von global heilsamer Natur verleiht, die uns das Krisengefüge der Gegenwart überwinden ließe.

In diesem Buch finden sich keine einfachen Antworten auf multidimensionale Verschränkungen. Ebenso wenig ist es eine Analyse einzelner Krisen oder Aspekte des weltlichen Gefüges. Es richtet sich vielmehr an eine tiefere Schicht der inneren, mentalen Ebene, deren Beachtung innerhalb der komplexen Dynamiken der globalen Interdependenz meist ungesehen bleibt, währenddessen in ihr allein die Heilung vielschichtiger Krisen ihren Anfang nehmen kann. Denn wir selbst sind der Ausgangspunkt all dessen, was auf der Welt geschieht.

Die Absicht des hier Geschriebenen liegt also in der Reanimierung ebenjenes erweiterten geistigen Zusammenhangs, der uns Menschen als eingebundene, wechselwirkende Wesen ohne Zweifel umgibt, jedoch lange Zeit aus unserem Verständnis verdrängt wurde. Diese Wiederbelebung wird geschehen durch eine Einordnung der gegenwärtigen Dynamiken in einen übergeordneten Prozess: das Wachstum des menschlichen Bewusstseins.

Dies ist ein Buch des Wandels, und daher soll die Struktur des alten, wenngleich noch präsenten Bewusstseinszustandes, welchen ich als den gegenwärtigen Geist bezeichne, einen vergleichsweise kleinen Raum einnehmen. Denn vielmehr soll es um das Neue gehen, das Wachsende, welchem der gesamte übrige Teil des Buches im Sinne des transformierten Geistes und des neuen Bewusstseins gewidmet ist.[1]

Viele Bücher wurden bereits vor diesem geschrieben, die dieser Dimension des seelisch-geistigen Bewusstseins nahekommen, und es ist mir selbstverständlich, dass kein Mensch oder Werk allein diesem Prozess in seiner Vollkommenheit gereichen und ihn dementsprechend durch Worte begreiflich machen kann. Dennoch vermag ein jeder von uns eine Essenz in sich selbst zu finden und, der Erweiterung seines eigenen Bewusstseins folgend, kollektiv wirksamer Impulsgeber zu werden. Im Angesicht der Zeichen der Zeit ist dies unser aller besondere Verantwortung.

Betrachten wir die Größe und Tiefe der Aspekte, die in diesem Buch Raum finden, so ist es im Vergleich zu ihrem Ausmaß gering. Doch es ist geschrieben aus der Überzeugung, dass wir viel mehr als ausführlicher Analyse einer Betrachtung bedürfen, die die Essenz dieser Dimensionen von rationalem Verständnis zu innerer Empfindung verlagert und somit jene Prozesse, die wir in unserer Konzentration auf Wissen und Generierung desselben durch äußere Ressourcen durchlaufen, mit unserem Inneren vereint und dadurch uns selbst zum Ausgangspunkt derselben macht. Nichts von dem, was hier geschrieben steht, kann ich auf eine Weise beweisen, die es als Wahrheit geltend macht, wie wir sie gemeinhin durch die Wissenschaft objektiv zu erkennen glauben. Dennoch sind diese Betrachtungen begleitet und gespeist von sowohl vorangegangener als auch gegenwärtiger geistiger Bewegung um die Erkenntnis von Natur und Wachstum menschlichen Bewusstseins, welches wohl nur an sich selbst Beweis für die Wirklichkeit des in diesem Buch Ausgedrückten sein kann.

Alles, was hier geschrieben steht, erwächst aus der Erkenntnis einer transzendenten Bedeutung und der Intention, durch mein Verständnis einen Beitrag zum Übergang in eine neue Phase der Wechselbeziehung zwischen uns Menschen und der Welt, deren Teil wir sind, zu leisten.

Die Betrachtungen sind getragen von vielen Quellen, auf deren Kategorisierung ich hier verzichte, da sie alle gleichermaßen Teil der großen Dynamik sind und damit mehr als separate Bestandteile eines von mir oder einer bestimmten Lehre geschaffenen Bildes.

In diesem Buch soll alles einbezogen werden, denn nur wo Augen offen sind für die Verbundenheit des vermeintlich Gegensätzlichen, kann eine ganzheitliche Perspektive entstehen, die uns ermächtigt, von Grund auf neu zu sehen.

An dieser Stelle möchte ich meine einführenden Worte beschließen, denn es drängt. Es ist an der Zeit, einen umfassenderen Blick einzunehmen und uns selbst neu zu erkennen: innerhalb der Dynamiken dieser Phase des Umbruchs auf Planet Erde.

Ausgangspunkte
oder:
Evolution

Zukunft ist das Versprechen, das wir uns geben
ein Vermächtnis der Evolution des Seins
was jetzt ist, ist der Wandel
des Bewusstseins
eine Reinkarnation der Erde.
Wiederkehr, Neugeburt, Erkenntnis
das erkennende Selbstverständnis
der Seele, die sich Menschheit nennt,
der Täuschung, die durch Spaltung hemmt.
Die Zukunft ist das Sein, das keimt,
der ungefähre Beginn des Tauschens der Täuschung
mit einem
Versprechen, das wir uns geben,
dem Vermächtnis der Evolution des Seins
und der Wiedergeburt aus
Schichten der Materie.
Krusten von Ego über Wunden, die wir vergaßen zu verschmerzen,
Härten über unseren Herzen, die
zuwider sind
wider diese Zeit, doch
die Reinkarnation der Erde kommt in reißenden Flüssen, die
trunken von Wahrheit sich ergießen und

nicht löschen, sondern herausfordern
auffordern
was verborgen liegt im Feuer der Verheißung.
Wir sind Schlafwandler der Gegenwart
Träumer einer Zukunft
und der Raum, in den sie sich erstreckt.
Ungefähr dann beginnt das Tauschen der Täuschung
mit der Wahrheit:
wenn das Sein, sich selbst erkennt
und die Erde neu beginnt.

Die Welt öffnet sich. In einem expandierenden Universum ist Ausdehnung Gesetz. Solange Raum sich weitet, geschieht Evolution – Abschütteln alter Schichten, Reformation von Gestalt, Neugeburt in andere Lebensweisen. So haben wir, die Menschheit, uns hineinentwickelt in ein Gefüge des Wachstums, das Erneuerung erfordert, um darin zu bestehen. Der Prozess physischer Neuausrichtung, dessen natürliche Dynamik wir in der Biologie Anpassung nennen, ermöglicht es Spezies, in Übereinstimmung mit ihrer Umgebung neue Stärke zu entwickeln. Anpassung umfasst nichts Geringeres als die Erschließung des größtmöglichen Potentials in Resonanz zur natürlichen Welt. Dieses Naturgesetz physischer Körper ist der Schlüssel alles Lebendigen.

Über Jahrhunderte der Geschichte der Menschheit haben wir uns immer wieder, in dynamisch aufeinander aufbauender Folge, von Konstrukten befreit, die uns an systemisch verankerte Formen banden, welche den Möglichkeiten unseres Potentials widerstrebten. Blicken wir zurück, zeigt sich hinter jeder gesellschaftlichen Reform eine Bewegung, entstanden aus einem Impuls geistiger Befreiung, durch den wir neue Lebensweisen und Verhältnisse des Zusammenlebens erschufen, die der neu gewonnenen Perspektive besser entsprachen. Erkenntnisse der Philosophie und Naturwissenschaft revidierten absolut geglaubte Weltbilder und führten zu einer Neuverortung unserer Spezies im Gefüge des Alls. Ebenso gingen bedeutendste Erkenntnisse der Physik einher mit einer geistigen Erweiterung, mit tieferem Verständnis für das Gefüge, das uns umgibt und dessen Teil wir sind. Ohne die Fähigkeit des aufstrebenden Geistes wäre uns jegliche Naturerkenntnis verborgen geblieben, religiöse Lehren wären nie in Sprache geflossen, wir wären der Kreation technischen und künstlerischen Ausdrucks nicht mächtig und wir hätten niemals begonnen, uns als Gestalter unserer Entwicklung in der Welt zu verorten. Jeder systemische Umbruch war und ist eine Manifestation des Aufbegehrens des Geistes in eine neu gewonnene Freiheit. Die menschliche Entwicklung ist eine Manifestation unzähliger großer und kleiner Befreiungen, welche sich in gesellschaftlichen Umbrüchen Ausdruck verleihen. Regierungen der Dominanz wuchsen und wachsen sich aus zu demokratischem Miteinander. Verfügung von oben revolutioniert sich zu einer Verlagerung der Kräfte hin zur Basis. Verdrängte Potentiale fordern ihren Raum ein. Nichts anderes ist Evolution.

Im Zuge wirtschaftlichen Strebens haben wir den Prozess der Entwicklung jedoch aus uns selbst ausgelagert, indem wir immer sichtbarer unsere Spuren in den Planeten gruben und Formen erschufen, die wir unser Werk und unsere Meisterschaft nennen konnten. Aus physischer Anpassung wurde physische Expansion über die Grenzen unserer körperlichen Bedürfnisse hinaus, hinein in die natürliche Welt und zügellos von ihr nehmend, um zu nähren, was wir als Zivilisation an uns banden. Heute sehen wir, dass diese Art äußerer Ausdehnung nicht von der Grenzenlosigkeit ist, nach der wir streben. Doch wie kann ein expandierendes Universum, in dem Ausdehnung Gesetz ist, Grenzenlosigkeit unterbinden?

Betrachten wir, was uns umgibt: Alles Wachstum ist zyklischer Natur. Lebewesen streben auf, fallen und gehen ein, um Boden für eine neuen Periode des Aufstrebens zu schaffen. Evolution vollzieht sich in hermeneutischen Zyklen, wellenförmig anschwellend, sich am Punkt der größten Spannung revidierend, um eine neue Form zu geben, die der Entfaltung des Potentials des Lebendigen organischer und feiner abgestimmt dient. Nichts ist endlich, solange es zyklisch ist.

Wir Menschen befinden uns an einem solchen Punkt der höchsten Spannung. Die Grundsätze, unter denen wir unsere Expansion bisher vollzogen und durch die wir uns toxischen Strukturen der Ausbeutung unterwarfen, zeigen sich als nicht länger dienlich. Wir haben unsere physische Ausdehnung bis ans Äußerste ausgereizt. Die Grenze, an die wir im Prozess unserer Expansion stoßen, ist die Illusion einer Linearität, unter der wir die Ressourcen des Planeten und unsere eigene Entwicklung in die Erschöpfung trieben. In einem grenzenlosen All, in dem sich Fülle stetig kreisläufig erneuert, haben wir Mangel und Grenzen selbst erschaffen. Nun erkennen wir uns selbst darin nicht mehr.

Was wir lange Zeit waren, hat nicht länger Bestand.
Wofür wir uns hielten, ist nicht, was wir sind.
Die Dekade der Restoration[3] *hat begonnen.*
Und viele sprechen auch
von dem Eintritt in das Zeitalter des Wassermanns[4]*,*
das die Reformation der Welt unter ein anderes
Sternzeichen stellt.
Wir können ihn nicht mehr leugnen, den Wandel.
Denn er vollzieht sich längst in uns.

»Halbzeit der Evolution« hat Ken Wilber mit seinem gleichnamigen Buch den Punkt bezeichnet, an dem wir Menschen uns auf kollektiver Ebene befinden. Jetzt, im 21. Jahrhundert, stehen wir nicht nur am Ende eines evolutionären Zyklus, sondern zugleich auch am Anfang einer neuen Epoche menschlicher Entwicklung. Wir finden uns am Beginn des ebenfalls von ihm beschriebenen Weges des Menschen »vom animalischen ins kosmische Bewusstsein«.

Es ist an der Zeit, den evolutionären Fall – die Entladung der Spannung aller obsoleten Konstrukte –zuzulassen und anzuerkennen, dass wir an einer Zeitenwende stehen. Wir beginnen aus der linearen Struktur der Auslagerung unseres Wachstums aus uns selbst auszutreten und überzugehen in das, was uns eigentlich, hintergründig schon immer getragen hat: die Fähigkeit des bewusst werdenden Geistes, die uns die Weite verleiht, uns als endliche Wesen in einem unendlichen Universum zu verorten.

Doch der Wandel, der sich nun vollzieht, ist von bislang ungekannter Dimension in unserer Chronik hier auf dieser Erde. Denn was nun geschieht, ist nicht nur ein Eintritt in einen neuerlichen Kreis der aufstrebenden Hermeneutik. Die globale Transformation, die nun unmissverständlich beginnt, markiert eine grundlegende Revolution unserer Ausrichtung. In dieser nun beginnenden Phase der Evolution initiieren wir unser Bewusstsein auf einer neuen Ebene ins Universum hinein. Angesichts der Grenzen, an die unser materiell motiviertes und ego-getriebenes Streben stößt, beginnen wir uns einen tieferen, zugleich weiteren Lebens-Raum zu erschließen, über den es keine äußere Verfügungsgewalt gibt: unser Inneres.

Stehen nicht die wachsenden Impulse hin zu einem Leben im Sinne der Ökologie in unmittelbarer Resonanz zu einer Öffnung des kollektiven geistigen Bewusstseins für eine Dimension der natürlichen Verbundenheit, die bislang durch den Egozentrismus unseres linearen Strebens nach wirtschaftlicher, materieller Größe verdeckt war? Zeigt nicht der Hunger nach ganzheitlichem Verstehen und Wegen zur Selbstfindung, dass das Wachstum, das nun beginnt, ein inneres ist? Wir erleben den Beginn einer zunehmenden Anfechtung patriarchaler Strukturen, ein Aufbäumen gegen autokratische Systeme in Zusammenhang mit der Unterwanderung demokratischer Gefüge.

Zweifellos zeigen sich ebenjene Pole gleichfalls in einer drängenden Energie des Erhalts bereits bestehender politischer und wirtschaftlicher Macht, doch unter der Oberfläche des Sichtbaren bauen diese Kämpfe zur Verlängerung des Alten auf Grundlagen auf, von denen unser Geist sich zunehmend zu befreien sucht. Denn jetzt ist auch und vor allem anderen die Epoche, in der unser Geist sich selbst erkennt und in eine neue Spiritualität übergeht. Was wirklich und wahrhaftig wächst, geschieht jenseits von Vorstößen in eine vielfach beschworene digitale Ära oder des zunehmenden, wenngleich noch viel zu zögerlichen und oftmals kaum nennenswerten Einbezugs ökologischer Aspekte in weltliche Entscheidungsfindungen. Der Wandel, den wir beobachten, geht weit über die materielle, strukturelle Dimension hinaus. Der Kern der neuen evolutionären Phase der Menschheit ist eine spirituelle Selbstermächtigung. Ausgehend von diesem wachsenden geistigen Potential werden alle bestehenden Strukturen herausgefordert. Betrachten wir das globale Geschehen in diesem Zusammenhang, wird sich die Welt grundlegend verändern. Deshalb beruht alles, was nun folgt, auf dem Verständnis dieser Dimension der Neuverortung unseres Seins im Zuge der menschlichen Evolution.

Was wir sind

Wir sind der Horizont der Welt
das Vermissen des Atems
und das Finden desselben
wenn die neue Luft unsere Brusträume füllt.

Wir sind die Ausrichtung der Hand
die Erinnerung des Himmels an sich selbst
eine irdische Erfahrung
unmenschlichen Ausmaßes.

Wir sind die Weite, wenn die Welt zu eng wird
der Phönix, der sich selbst verbrennt.

Wird die Asche der zerfallenden Gestalt fruchtbar sein?
Das Gerüst ist alt, schon lange nicht mehr unsere Heimat.

Wenn wir still werden, geschieht etwas mit uns. Der Lärm der Welt fällt ab, und es bleibt die Empfindung des Wesens an sich, das sich kampflos, aber bestimmt, die Räume zurückerobert, die die äußere Welt sich zuvor zu eigen gemacht hatte. Schon viele haben dies vor mir beschrieben und noch viele mehr vor mir erfahren. Ich bringe es hiermit erneut vor uns, weil in ebenjener Verflüchtigung weltlicher Anhaftung der Schlüssel zu einem neuen Selbstverständnis liegt, durch das wir in der Lage sein werden, die Krisen der Welt in einer anderen Dimension zu verorten und uns selbst im Zuge des evolutionären Wandels von ihnen zu lösen.

Das Chaos, das den Zustand der gegenwärtigen Welt darstellt, ist eine Manifestation der Phase des Übergangs in einen neuen Zyklus menschlicher Entwicklung.

Schon immer sind wir Menschen über die Welt hinausgegangen, haben uns herausgestreckt aus der sichtbaren Dimension, hinein in eine Wahrnehmung des All-Umfassenden, durch die wir uns erinnerten an das, was wir sein können, wenn wir über das Offensichtliche der uns umgebenden Konturen hinausgehen. Wir sind schon immer Kinder des Universums. Jede vergangene und gegenwärtige Kultur zeigt in ihrer Grundlegung eine Orientierung am Numinosen, eine Ausrichtung an einer Empfindung höherer Macht, anhand der ihre Gesellschaft sich in einem größeren Zusammenhang verortet. In Sagen und Mythen ordnen wir uns ein zwischen Himmel und Erde, verbinden uns mit den gewaltigen Kräften des Natürlichen, die wir in Gestalten von Göttern und Zwischenwesen manifestieren. Menschliche Positionsbestimmung innerhalb des Gefüges der Welt war und ist immer eine Eingliederung in den Kosmos. Nichts anderes ist Religion. Nichts anderes ist auch Physik. Darin zeigen wir uns immer wieder als Suchende einer Quelle, die uns in unserer Übersinnlichkeit eint und in der wir uns der inhärenten Ethik nähern, die wir alle auf unterschiedlichen Wegen und Rhythmen erreichen. In all dem sind wir geeint durch die Fähigkeit bewusstseinserweiternder Erfahrungen, um so zur Quelle des geklärten Seins zurückzukehren und dadurch immer wieder neu am Anfang zu stehen. Albert Einstein fasste diese Erkenntnis in folgende Worte: »Das tiefste und erhabenste Gefühl, dessen wir fähig sind, ist das Erlebnis des Mystischen.«

In der Welt, die uns umgibt, umspannt von den Systemen, die wir erschaffen haben, sind diese ursprünglichen Grundpfeiler in weit entfernten Hintergrund gerückt. Stattdessen ordnen wir uns unter Ökonomie, Finanzen und Profit. Die größten Bemühungen unseres Handelns beziehen sich auf die Organisation eines Systemgefüges, das ein Netz aus wirtschaftlichen Akteuren, Nationalstaaten und politischen Entscheidungsträgern manifestiert: ein Konglomerat konkurrierender Interessen um die Herrschaft über begrenzte Gebiete und Ressourcen, die eigentlich seit jeher ewig und unverfügbar waren und sind. Doch sehen wir uns an, was geschieht.

Es sind nicht allein die knapper werdenden Ressourcen der Erde, die uns abrücken lassen von einem ausbeuterischen, kapitalistischen System kolonialer Struktur aus Macht und Unterdrückung lebendiger Wesen über ihre Nächsten. Vielmehr erschließen wir Menschen uns mehr und mehr lange Zeit ungelebtes und unerkanntes Potential, das sich aufbäumt gegen die Enge des Funktionierens in einem Mechanismus, der Lebendiges dazu bringt, sich selbst auszulaugen. Im Zuge einer neuen Bewusstwerdung schälen wir uns aus Beschränkungen und hemmenden Glaubenssätzen des Geistes heraus, die unsere wahre Natur unterminieren und uns an ein System binden, das in seiner evolutionären Bedeutung ausgedient hat. Wir begreifen, dass es an der Zeit ist, zum Sein an sich zurückzukehren, und besinnen uns auf lang gewachsene Lehren, die die Bewegung des Körpers im Raum zelebrieren und uns Zeit nicht als Grenze, sondern als ewige Ressource erkennen lassen, in die hinein wir uns in Leben und Wirken entfalten können. Wir lernen Meditation neu, begeben uns in Potentiale des in uns angelegten Bewusstseins und vermögen dieses auszudehnen über uns selbst und unser Umfeld hinaus, um in Kontakt zu treten mit

Wesen und Bewusstheiten, die wir bislang aus unserer rationalisierten Systemwelt verbannten. Fügen wir all das zu einem großen Bild zusammen, ist der Vollzug des spirituellen Wandels unverkennbar. Erneuerte Wahrnehmung des Körperlichen als Brücke zur Regenerierung verdrängter Möglichkeitsräume des Geistes, Öffnung für die natürliche Welt bis hin zu Medialität sind allesamt Qualitäten einer Neu-Erschließung unseres Selbstverständnisses als Menschen an sich. Eine Erkenntnis des Menschseins über das Menschliche hinaus.

In der Essenz sind wir immer das, was bleibt, wenn wir uns hineinbegeben in den Raum ohne Kontur. In unserem Ausdruck zeigen wir uns stetig als Wesen der Abstraktion, die die Sprache der Dinge erst lernen müssen, Kunstschaffende, aus dem Unerklärlichen schöpfend. Dann erkennen wir uns als pures Bewusstsein, temporäre Erscheinung in einer vergänglichen Welt, wachsender Kern im flüchtigen Körper. Auch heute sind wir im Inneren noch und immer wieder werdend, was die Lehrer der Weisheit seit jeher in uns sehen; dasselbe Bewusstsein, das Buddha in seiner Erleuchtung fand, und gerade darin stehen wir immer wieder noch am Anfang und fernab der Meisterschaft des Geistes, die uns frei von Anhaftung an materielle Erscheinung macht. In unserer Natur waren wir nie etwas anderes als das, was wir seit jeher sind, und doch waren wir es selten weniger als heute, da wir den Objekten den Platz eingeräumt haben, der eigentlich der Seele gebührt. Innerhalb der Welt mag es viele Identitäten geben, doch innerhalb von uns gibt es nur ein Selbst. Wie sonst sollte es möglich sein, dass wir in den größer geatmeten Räumen spiritueller Praxis auf ein immer wiederkehrendes, durch unzählige Individuen empfundenes Bewusstsein treffen, das sich als Essenz der Verortung im Höheren durch alle Religionen zieht und welches wir in der Erfahrung des Gegenübers als das eigene wiedererkennen?

Wir haben gelernt, uns als die Person zu verstehen, die wir an der Oberfläche tragen, doch im Grunde, in der authentischen Erfahrung der Selbst-Begegnung, zu der wir alle fähig sind, sind wir seit Menschengedenken immer das, was bleibt, wenn die Gestalt der Welt und das Gefüge, in dem sie uns zu halten scheint, in den Hintergrund rückt. Das, was unsere Ressourcen und Potentiale wahrhaftig ausmacht, liegt nicht in rationalem Intellekt oder der Fähigkeit logischer Schlussfolgerungen, sondern in der Natur unseres Geistes, jenseits des Verstandes sich selbst zu erkennen.

Wir haben die Fähigkeit, uns als außerweltliche Erscheinung zu begreifen und damit die Möglichkeit, eine Perspektive einzunehmen, durch die wir unabhängig werden. Frei zu sein bedeutet, unter der Idee der Freiheit zu leben – in diesem Sinne erkannte bereits Immanuel Kant den Ursprung der Selbstbestimmtheit des Menschen, wobei sein Vernunftbegriff einem transzendentalen Bewusstsein sehr nahekommt, zumindest eine solche Möglichkeit zulässt.[2]

Doch wofür all diese Worte? Wir bedürfen ihrer, weil der evolutionäre Bewusstseins-Wandel kollektiv noch überlagert ist von beherrschenden Dynamiken eines Systems, das seine letzten Züge nicht zugeben will. Noch leugnen wir selbst zu oft die spirituelle Dimension, wodurch wir uns abspalten vom eigentlichen Geschehen der Evolution unseres Menschseins. Noch sind wir Traumatisierte, die sich von ebenjener Quelle abgespalten haben, um eine Erfahrung der Faszination durch Materie zu machen. Noch überwiegt die Identifikation mit der Parallelwelt unseres weltlichen Gefüges unter den verfestigten Parametern der Wirtschaftlichkeit über die Erkenntnis dessen, was gerade in einer tieferen Schicht geistig mit uns geschieht. Doch nur, wenn wir diese spirituelle Öffnung als unsere wahre Natur anerkennen, als Prozess, der sich eingliedert in eine lange Geschichte menschlicher Verortung im Universum, werden wir in der Lage sein, die alten Schichten eines obsoleten Systems abzuschütteln, Krisen zu bewältigen und den sich allerorten ankündigenden Wandel tatsächlich zu begehen. Wir sind sowohl die Grenze als auch die Entscheidung zwischen weltlicher Bedingtheit und bewusster Befreiung aus derselben. Wir sind auch die Kraft, beides voneinander zu unterscheiden und somit den Weg zu bereiten, der der Wahrheit unseres Wesens am meisten dient.

Was, wenn alles, was zu lernen ist, um unsere Art zu leben grundsätzlich zu wandeln, darin besteht, wieder die Perspektive des Universums einzunehmen? Einen Zusammenhang einzubeziehen, der uns seit jeher prägt und in der Natur unseres Seins mehr als alles andere ausmacht? Dabei geht es nicht darum, den Mars als neuen Planeten zu erschließen und uns dadurch noch weiter von der Wurzel zu entfernen, die uns als Menschen auf der Erde verankert. Es geht nicht länger um physische Expansion. Die Möglichkeiten irdischer Körper sind begrenzt, nicht jedoch die Dimensionen des sie bewohnenden Geistes. Wir sind die Fähigkeit, Seele zu sein; und der, dem die Anerkennung seiner selbst als solche schwerfällt, hat dennoch die Möglichkeit, die Glaubenssätze und Urteile, mit denen er sein Wesen identifiziert, auf ihre Resonanz mit der Welt und zutage tretender Wahrheiten zu prüfen und sich frei von dem zu machen, wofür er sich hält. Denn wir sind das unerklärliche Bewusstsein, durch das wir vermögen, aus dem, was wir für unsere Identität hielten, herauszutreten und im Prozess geistigen Wachstums immer wieder aufs Neue zu erschließen, wer wir als Menschen sind, und dementsprechend Formen des Lebens zu schaffen, die der neuen Stufe unserer Moral und Wahrheit entsprechen. Wir sind Geist, und aus Geist entsteht die Welt.

Es ist Zeit, wieder zu wissen, wer wir sein wollen,
Zeit, wieder zu streben nach dem Licht.
Was geschieht, ist kein Traum, es ist Wahrheit, die
wie ein unbetretener Raum vor uns liegt
in uns
eintritt und auffordert.
Was ist dieses Licht?
Ein Blick, der sich richtet auf eine Welt, die sich wandelt,
der Dämon, der sich selbst erkennt und beschließt zu handeln.
Es ist das alte Gesetz, das nun zu Staub zerfällt;
ein Gesetz der Macht, die nicht länger hält,
was sie verspricht,
weil sie bricht
unter der besonderen Schwere der Wahrheit,
die untragbar, unerträglich ist,
für alles, das ihr widerspricht.

Das Licht ist nicht leicht, es ist Aufgabe.
Aufgabe eines alten Glaubens der Angst.
Aufgabe, die uns richtet, aufrichtet, ausrichtet,
über die Welt hinaus, die sich verdichtet
wie eine Wolkenwand am Horizont.
Lässt sie ihn fallen, wird auch ihr Regen fruchtbar sein.
Wenn das Wasser sich trennt vom Schmutz und auf die neue
Erde trifft.
In seinem Dunst wird die neue Welt aufgehen
wie Verheißung, in der wir uns selbst erkennen.

Der gegenwärtige Geist: das alte Selbst-Verständnis

Alles bisher Geschriebene kommt einer Einleitung gleich, denn es dient der Vorbereitung auf das, was als eigentliche Botschaft durch dieses Buch ausgedrückt werden will. Es ist eine Verortung vor der Neu-Verortung durch den Prozess der Zeitenwende.

Auf Grundlage der zuvor gezeichneten Annäherung an das, was wir sind, geht es nun darum zu verstehen, wofür wir uns heute halten. Das hier Geschriebene geht nicht von einem Zeitpunkt aus, zu dem wir uns einst vergaßen, sondern handelt von der Erkenntnis eines Prozesses, der als lange ungesehene Begleiterscheinung unserer physischen Expansion einherging, die in eine kollektive Selbst-Vergessenheit mündete. Die präsente Verfassung unseres Bewusstseins zeigt sich heute in einem planetaren Schmerz und der Manifestation lange gewachsener Ungleichgewichte kollektiver Kräfte. Auf der Suche nach dem, was wir als Menschheit sein wollen und unsere Größe nennen können, sind wir eine Identifikation mit Glaubenssätzen eingegangen, die ebenjene mentale Verfassung charakterisieren, die ich in diesem Kapitel als den gegenwärtigen Geist bezeichne.

Der gegenwärtige Geist vollzieht sich durch uns jenseits seiner Meisterschaft, sich seiner selbst bewusst zu werden. Unsere ökonomischen Prioritäten halten ihn gefangen in Glaubenssätzen, die sich in der vergehenden Phase kapitalistischer, imperialistischer Expansion und Dominanz bezahlt gemacht haben, ihn jedoch hinter den weitreichenden Facetten seines eigentlichen Potentials, wie es im vorangegangenen Kapitel gezeichnet wurde, zurückbleiben lässt.

Durch ein materialistisch geprägtes Weltbild haben wir gelernt, selbst-los zu sein und weltlich zu werden; uns zu identifizieren mit Materie und der vermeintlichen Stärke, diese zu erwerben.

Das Selbst-Verständnis, das wir uns anzueignen lernten, ist geprägt durch die Annahme, getrennt zu sein. Jede Form des Konfliktes oder Kampfes entsteht aus einer Täuschung, die aus der Identifikation mit einer Bewusstseinsebene erwächst, welche von der eigentlichen Natur des Charakters des Wesens an sich abgespalten wurde. Die ökologische Krise ist eine Manifestation unseres gespaltenen Verhältnisses zur natürlichen Welt. Über lange Jahre reduzierten wir das uns umgebende Leben zur profitbringenden Ressource und auf diese Weise im kollektiven Verständnis zu einem gänzlich außerhalb unserer selbst befindlichen Teil, den es zu beherrschen und zu kontrollieren gilt. Diese Separierung liegt als geistige Vorlage über unserer Sicht und ist die Grundlage der Funktionsweise des noch gegenwärtigen Systems.

In der Separierung liegt ebenso unser Begriff von Macht, der sich in Herrschaftsgebieten und Wirtschaftsverfügungen, umschlossen von Nationalgrenzen, zeigt, innerhalb derer Machthaber ihre Position mit allen Mitteln zu halten und auszudehnen versuchen.

Der gegenwärtige Geist ist einsam, da er glaubt, nur mit sich selbst sein zu können, wenn er Grenzen um sich herum kreiert und »die Anderen« in ihrem Wirken einschränkt. Ressourcen wachsen in seinem Verständnis nicht durch Teilen, sondern dadurch, sie demjenigen zu entziehen, der sich auf der vermeintlich anderen Seite der eigens erschaffenen Grenze befindet und deshalb niemals verwandt oder gar derselbe sein kann. Teil seiner Verfassung ist es, im Gegenüber eine Fremdheit zu sehen, deren Empfindungen und Handlungen außerhalb des Raumes liegen, von dem er selbst als dem eigenen ausgeht und in dem er die Gründe eigens verfügter Aktionen antrifft.

Die Motivation des durch die physische Gestalt außer ihm Befindlichen vermag er nicht als von derselben Eigenschaft zu begreifen, durch die er die Grundlage für sein eigenes Wirken schafft.

Der gegenwärtige Geist schafft sich in seiner Annahme als getrennte Entität kontinuierlich ein Fundament der Angst. In einer Welt der Grenzen kann es, innerlich wie äußerlich, kein gemeinschaftliches Genug geben, sondern stets nichts als Mechanismen der sich gegeneinander behauptenden Konkurrenz, in der wir einander das streitig machen, dessen wir alle gleichermaßen bedürfen. Er kreiert die Instanz des Egos als Stellvertreter für sein verlorenes Selbst und als Rechtfertigung für sein an sich häufendes Verhalten. Auf Basis seiner weltlichen Orientierung zeigen sich uns Interessenkonflikte als Naturzustand und die ihnen scheinbar innewohnende Unvereinbarkeit ihrer Ausgangspunkte als unausweichlicher Grund für die Generierung konträrer Lager und Parteien, die ihr Wirken zwar auf dieselbe Materie richten, jedoch im reduzierten Verständnis des gegenwärtigen Geistes keine Möglichkeit sehen, derselben Welt anzugehören.

In dieser unbewussten Annahme liegt der Grund, weshalb wir uns auch angesichts drängendster globaler Herausforderungen nicht in der Lage zeigen, diese auch global zu tragen und in eine Harmonisierung zu überführen. Noch sind wir kollektiv geistig gebunden an die selbstgenerierte, systemisch verankerte Notwendigkeit der Abwägung wichtig geglaubter, scheinbar konträrer Bestrebungen innerhalb eines real konstruierten Wettbewerbs.

Der gegenwärtige Geist fragt nicht, was wahrhaftig geschieht. Er verortet sich nicht in der Realität des Wandels, sondern in der Illusion des bedrohten Konstruktes.

Wie sonst sollten wir weiterhin Umwelt- und Klimaschutz auf ihre wirtschaftliche Vereinbarkeit debattieren, während unsere planetare Grundlage aufgrund eben letzterer Priorität unweigerlich auf einen Kollaps zugleitet? Wie sonst sollten wir fortlaufend in einem Virus nur die Dimension Krankheit sehen, während er sich längst als Symptom, Offenbarer und Mahner eines nicht länger tragfähigen Systems erweist, welches Leben als solches chronisch schwächt?

Und wie sonst sollten wir uns weiterhin einem eigens verfügten Mangel unterordnen, obgleich wir wissen, dass alle Ressourcen und Möglichkeiten vorhanden sind, um das Ungleichgewicht aus Armut und Überfülle weltweit aufzulösen?

Dem gegenwärtigen Geist zeigt sich als Möglichkeit nur, was unter den Einschränkungen innerhalb der Ideologien des Besitzes, Verfügung über Materie sowie Verfremdung des Weltenmitbürgers denkbar erscheint.

Im kollektiven Geisteszustand vermischen sich somit Scheininstanzen eines obsoleten Systems mit wahrhaftig stattfindenden Prozessen und verlagern somit Sprache und Handlung immer wieder auf eine parallele Ebene, die der Wirklichkeit nicht begegnet.

Der gegenwärtige Geist ist unablässig in überspannter Reaktion zwischen den Polen weltlichen Geschehens begriffen. Er sieht sich so bestimmt durch äußere Dynamiken, die er sich zu eigen macht, sodass seine Fähigkeit, von oben zu blicken, chronisch überlagert ist von atemlosem Manövrieren durch die Facetten umliegender Bewegung, die fortlaufend Urteil, Meinung und Aktualität zu erfordern scheinen. In einer Welt der Multiperspektive des Kopfes findet die realisierende Empfindung kaum noch Kontakt.

In der Diskussion jeder kleinsten Facette des Geschehens verlieren wir die Differenzierung des Offensichtlichen, sich an der Oberfläche als Ereignis Zeigenden, von der hintergründigen Dimension dessen, worauf das Geschehende hinweist. In der hyperaktiven

Aufmerksamkeit für das Sichtbare erkennen wir im gegenwärtigen Geist nicht, wo das Prinzip aus Ursache und Wirkung über die Gesetze des konstruierten Systems hinausgeht und hinweist auf einen größeren Prozess menschlichen Wachstums auf kollektiver Ebene. So sehen wir durch den gegenwärtigen Geist die Bedrohung durch ein Virus mehr als das, was es in seiner Wirkung offenlegt und damit mahnend aufzeigt: die mangelnde Resilienz eines überspannten Gefüges, welches die Grundlage der Krankheit selbst darstellt. So streben wir nach Immunisierung mehr als nach Heilung. So entscheiden wir uns in Kampf gegen Projektionen und Leugnung tieferer Krisen für Handlungen aus Angst, anstelle für ein Wirken im Sinne eines Wandels, der ebenjener negativen Anspannung die Grundlage entzieht.

Der gegenwärtige Geist bleibt somit klein in seiner Furcht vor dem Entgleiten der vermeintlichen Kontrolle dessen, dem er sich längst selbst unterworfen hat: eines Systems, das sich in seiner Charakteristik des Ungleichgewichts andauernd selbst die Fruchtbarkeit verwehrt.

Der gegenwärtige Geist ist die Instanz, die Krise schafft und Krise hält, da unser Blick durch seine Eigenschaft stets haften bleibt an der Kontur des Gefüges, das bereits in der Welt verankert ist und unser Handeln bestimmt, anstatt dessen scheinbare Größe der Bedeutung zu hinterfragen und einzuordnen in eine Möglichkeit, die darüber hinausgeht und neue Gesetze schafft. Unter dem Einfluss des gegenwärtigen Geisteszustandes unserer Zeit verhaftet jede Reform noch in den einem vergehenden evolutionären Zyklus angehörenden Glaubenssätzen physischer Expansion, gebunden an eine Vorstellung von Wachstum, das stets die Generierung wirtschaftlicher Mittel meint, mehr als die Entfaltung menschlichen Potentials.

In der kleinen Teilwelt des gegenwärtigen Geistes sind wir von unserer inhärenten Fähigkeit zur Transzendenz beinahe gänzlich getrennt. In dem Moment, da wir Lager erschaffen, negieren wir einen Wandel, der uns alle gleichermaßen umfasst. Unsere Verortung verbleibt in den konstruierten Rahmen der von uns geschaffenen weltlichen Realität und der scheinbaren Problematik der materiellen Ebene, während die eigentliche Dynamik in der Natur des Bewusstseins unerkannt bleibt. Wir bewegen uns determiniert durch ein Selbstverständnis, das ein Selbst im Sinne einer unabhängigen Instanz nahezu aussortiert hat; die bloße Vorstellung der Möglichkeit, eine solche zu sein, jenseits der Definitionen von Ausdehnung, Einverleibung, Besitzansprüchen, Abgrenzung und Entfremdung, die die Dynamiken unserer Weltanschauung sowie unsere Bewegungen in ihr prägen, scheint uns meist kaum noch existent.

Der natürliche Prozess der Bewusstseinserweiterung, der sich hintergründig durch alle Wachstumsphasen menschlicher Entwicklung auf dieser Erde zieht, ist zur scheinbaren Bedrohung dessen geworden, was wir als Identität um unseren Geist geschaffen haben, um im Streben nach physischer, materieller Expansion zu bestehen. Der gegenwärtige Geist ist beinahe kein Geist mehr, sondern nur noch eine Funktion.

Doch die wankenden Konturen des Weltgefüges sprechen nun andere Zeichen und erfordern eine Rekreation unseres Bewusst-Seins. Eine neue Etappe der Evolution beginnt mit einer Rückbesinnung, einer Reduktion der Aufmerksamkeit auf das Zentrum der Kraft, die als Essenz die Potentiale des Lebendigen speist.

Ein Geisteszustand ist auch nicht mehr als ein Geisteszustand; eine Phase, die vergeht und nicht bleibt: eine wesentliche Erfahrung im Prozess der Evolution des Bewusstseins, eine Etappe auf dem Weg zu unserer eigentlichen Natur.

Ein Blick von außen genügte
zu zeigen
dass wir sie nicht sind
die vermeintliche Selbstverständlichkeit
der Welt
die ohne Selbst ist
und auch
ohne Verstand.

Was ist das Selbst, wenn es ohne Welt ist? Und was wird die Welt sein, wenn das Selbst sie neu durchwirkt?

Der unsichtbare Wandel: eine neue Stufe der Bewusstwerdung

Noch sind wir die Vögel, die der Erde anhaften, obgleich wir mit Flügeln gesegnet sind, mit denen wir uns tragen können über alle irdischen Konstrukte hinweg. Noch sind die Schwingen gelähmt von den Grenzen des Geistes, die uns ringen lassen mit der Welt, dabei bräuchten wir uns nur zu erheben, um von oben zu betrachten, was von unten so übermächtig erscheint. Kampf und Schatten ist überall da, wo die Freiheit unterdrückt wird, und so sind sie auch in uns.

Sie sind in uns, aber wir sind sie nicht. Wir sind die Instanz, die sie begreifen kann, um sie in ein Neues zu transformieren.

In der Entwicklungsgeschichte der Menschheit sind wir noch Kinder – tief beeindruckt von der sich uns gebenden Fülle der Materie, Farben und Formen.

Aus Sehnsucht nach der verlorenen Ganzheitlichkeit sind wir inbegriffen, sie uns einzuverleiben und zehren uns selbst dabei auf.

Doch wir beginnen zu differenzieren zwischen Zerstörung und Kreation, im Sinne der Kraft, die dem Menschenkind gegeben ist.

***

Die Benennung dieses Kapitels als der unsichtbare Wandel liegt in seiner Absicht, eine hintergründige Dynamik des Geschehens zu zeichnen, die dem Blick auf die politische, ereignisfokussierte Ebene verborgen bleibt. Vordergründig erscheint uns der Prozess des Umbruchs meist als Herausforderung einer Umwandlung äußerer Struktur. Wenngleich diese wesentlicher Kernaspekt der beginnenden Transformation eines erschöpfenden Systems in ein nachhaltiges ist, ist diese sichtbare Veränderung des Gefüges jedoch lediglich Manifestation, die aus einem tieferliegenden Geschehen resultiert. Obgleich noch zögerlich die Strukturen des großen globalen Gefüges durchdringend, formiert sich in der darunterliegenden Schicht unseres menschlichen Daseins ein Wandel auf der Welt, der sich durch das Zentrum unserer selbst vollzieht, wenngleich er auf kollektiver Ebene noch nicht den Fokus der Aufmerksamkeit eingenommen hat. Der unsichtbare Wandel ist das Wachstum unseres Bewusstseins. Denn unter der Oberfläche erfährt unsere Wahrnehmung einen Schub, der von ungeahnter Kraft ist und zugleich Ausgangspunkt und Eigenschaft der Transformation, die mehr und mehr die alten Strukturen des Gefüges, das unser Denken und Handeln bislang prägt, außer Kraft setzt. Um zu begreifen, was wahrhaftig geschieht, ist es daher notwendig zu erkennen, dass der Wandel, der sich als sozial-ökologische Transformation auf Planet Erde vollzieht, ein innerer ist und weitaus tiefer reicht als seine äußere Erscheinung.

In Übereinkunft mit der Erkenntnis, dass unsere bisherige Art zu leben schmerzhaft an ihre Grenzen stößt, wächst ein Bewusstsein, in dem wir immer deutlicher begreifen, dass die äußere, weltliche Form, der wir uns durch ein kapitalistisches System unterwerfen, fernab von allem liegt, was als natürliche Eigenschaft unserem menschlichen Sein innewohnt. Im Zuge des evolutionären Prozesses vollzieht sich ein Bewusstseinswandel in uns, der uns erneut und neu vereint mit unserer seit jeher präsenten Verortung im Kosmos, mit unserer Fähigkeit, ja unserem Bedürfnis nach Transzendenz, in der wir uns schon immer fanden und ohne die keine der vergangenen und gegenwärtigen Kulturen das wäre, als das sie sich uns zeigt.

Um zu verstehen, was geschieht, ist es notwendig, den Blick abzuwenden von der Oberfläche, an der wir noch immer Strukturen angehören, deren Zweck ein sich selbst aufzehrendes materielles Streben ist, zu dessen Mittel wir uns machen und deren politische Dynamiken Parametern der Macht und Finanzmittel folgen, in der sich die Entwicklung in ein Gemeinwohl im Interessenkonflikt ebenjener Subjekte verfängt. Wir müssen den Blick abwenden von der vermeintlichen Nötigung, etablierte Machtgefüge aufrechtzuerhalten, weil wir kollektiv weiterhin der Annahme anhängen, das bestehende System müsse erst in sich stabilisiert werden, um bereit für die Überführung in eine nachhaltige Struktur zu sein. Lassen wir all das für dieses Kapitel hinter uns und sehen uns an, was auf der tieferliegenden Ebene geschieht.

Der innere Wandel beginnt mit einer Rückbesinnung. In den energieraubenden, stressbehafteten Verfügungen des noch gegenwärtigen Systems begannen wir bereits vor einer Weile, unseren Atem zu vermissen. Die Hinwendung zu Yoga und anderen heilsamen Bewegungskünsten zeugt von einer Neuverortung in unseren Körpern, einem Streben nach der Wieder-Empfindung dessen, das als Potential des Selbst-Seins in uns allen liegt und nach Räumen sucht, die wir uns lange Zeit verwehrten. In den beengenden Strukturen wetteifernder Egos beginnen wir nun mehr und mehr eine Krankheit zu identifizieren, eine Müdigkeit in der Funktion für eine Leistung, die nur Effizienz kennt und keinen Sinn. In dieser Fähigkeit, den eigenen Schatten zu erkennen und uns selbstbestimmt von ihm zu lösen, manifestiert sich bereits das neue Bewusstsein, in dem wir souveräner Geist sind, frei von reaktiver Person.

Jenseits der Anhaltspunkte innerhalb eines wirtschaftlich bestimmten Systems, das unserer dem menschlichen Charakter innewohnenden Suche nach einem größeren Zusammenhang, den wir

Sinn und Bedeutung nennen können, nicht länger genügt, öffnen wir unsere Wahrnehmung über die Grenzen dessen, das uns bislang zu definieren schien, hinaus, um uns auszurichten an Gesetzen, die feinstofflicherer Natur sind, da sie sich in unserem Inneren wirksam zeigen. Wirkungen von Energiearbeit und Meditation, tief verwurzelt im spirituellen Verständnis fernöstlicher Kulturen und lange unterdrückt durch die Dynamiken globaler Materialität, werden heute jenseits individueller Erfahrung in Psychologie und Neurowissenschaft bestätigt.

Wir lernen zu sehen, was die Möglichkeitsräume unserer physischen, funktionalen Ausrichtung lange Zeit überstieg.

In der Erkenntnis des Schmerzkörpers[5] der Erde, der sich auch in unseren Gliedern eingenistet hat, entstanden durch die Traumata der lebensbekämpfenden Praxis unserer Spezies, beginnen wir die Notwendigkeit einer ganzheitlichen Heilung anzuerkennen, die in uns selbst beginnt.

All das galt lange Zeit als Ideologie esoterischer Strömungen, doch heute zeigt es sich mehr und mehr als ein erweitertes Verständnis der Prinzipien von Ursache und Wirkung, die diese Welt durchziehen und als unerlässliche Voraussetzung für ein Verstehen dessen, was kollektiv gerade am Beginnen ist.

Was sich im Hintergrund der immer stärker werdenden Vorstöße für eine sozial-ökologische Transformation, das Austreten aus der Leistungsgesellschaft sowie dem Streben nach politischer und individueller Freiheit in Potentialentfaltung jenseits finanzieller Begrenzungen und hierarchischer Kontrolle entwickelt, ist eine Verlagerung vom Grobstofflichen ins Feinstoffliche, eine wachsende Anerkennung für geistige Erweiterung als unsere eigentliche Natur und eine Neu-Initiierung unserer selbst als Menschheit in die übergeordnete kosmische Dynamik. In der Astrologie wird all das bezeugt als der Beginn eines neuen Zeitalters, das sich unter dem fluiden, transformativen Einfluss des Sternzeichens Wassermann eröffnet und den Eintritt in eine Form des Bewusstseins markiert, welches seine Werte jenseits des Materiellen in geistigen Ressourcen findet und ebenso anerkennt, dass Perspektiven, wie diese hier genannte, keinesfalls fernab von Logik und Verstand liegen, sondern vielmehr ein Wissen um energetische und universelle Verbindungen einbeziehen, in die wir Menschen seit jeher eingebettet sind. Das energetische Netz ist der Ursprung, es bestand lange vor der ersten Form, die wir Menschen erschufen. In der Reintegration dessen liegt die Essenz des Bewusstseins, in das wir uns nun neu initiieren.

Der unsichtbare Wandel ist unsere Wieder-Erkenntnis als empfindende, undefinierte Seelen, die nach der Weite geistiger Räume streben, in der sie die Aufhebung der scheinbaren Definitionen der systemischen Welt erfahren. Wir wachsen in eine neue Natürlichkeit der Verortung der weltlichen Dynamik in einen universell bedingten Entwicklungsprozess menschlicher Evolution, in der wir uns Räume schaffen für geistiges Potential jenseits der Funktion eines erschöpfenden Systems der Anhäufung und eines getriebenen Egos.

Zunächst auf individueller, folglich auch immer sichtbarer auf kollektiver Ebene initiieren wir uns aus der Stumpfheit der Verdrängung hinein in eine Meta-Instanz, durch die wir lernen, uns unabhängig von lange selbstverständlich geglaubten Zwängen zu begreifen und ebenjenem Streben des wachsenden Bewusstseins folgen, das bereits unser gesamtes Dasein auf dieser Erde nährt und leitet. Der Weg der Evolution führt uns von Körper in Seele und von Seele in Geist, was so viel bedeutet wie von Dasein in Bewusstsein und von Bewusstsein in Über-Bewusstsein. Was taub war, will nun zurück ins Leben integriert werden. In diesem Übergang liegt die grundlegende Natur eines jeden Umbruchs, der die Organisation unserer Gesellschaft und das Verständnis des uns umgebenden Kosmos nachhaltig veränderte.

Jedoch kommt der Zeitenwende, die wir gegenwärtig erleben, in ihrer spirituellen Natur eine besondere Bedeutung zu, die sie von allen vorangegangenen Umbrüchen, die sich mit uns bisher vollzogen, unterscheidet. In der Öffnung des Geistes für die Dimensionen, die jenseits der materiellen und sichtbaren Ebene liegen, in denen wir uns bisher bewegten, zeigt sich nicht nur Bewusstwerdung als solche, sondern darüber hinaus auch eine Bewusstwerdung der entstehenden Bewusstseinserweiterung an sich. Durch die Räume, die wir uns neu erschließen, sind wir erstmalig vor die Frage gestellt, welche Form des Bewusstseins wir als diejenige wählen wollen, durch die wir unser Leben als Menschen auf diesem Planeten gestalten. Wir haben die Fähigkeit des Bewusstseins, über die weitere Entwicklung desselben zu entscheiden. Darin liegt sowohl die Möglichkeit der Souveränität unseres Geistes, der sich von alten Strukturen als seines Potentials nicht länger entsprechenden befreit, als auch die Gefahr, uns furchtsam leugnend von der neuen inneren Entwicklung abzuwenden und in alten Spuren einer geistig evolutionären Vergangenheit weiterzugehen. Es liegt an uns, wofür wir uns entscheiden.

Der transformierte Geist: das neue Selbst-Verständnis

Nehmen wir uns als Seele,
bleibt von der Welt
nichts als eine Hülle,
die wir schufen,
um uns zu halten.

Was sind wir mehr als ein Dasein,
ein verwundetes Ganzes,
ein gespaltenes Selbst?
Heilen wir unsere Wunden.
Nur noch ein Moment der Atemlosigkeit
und die Wiedervereinigung wird zu schmerzhaft sein.
Wir werden die ganze Spalte durchwandern müssen.
Den Abgrund, die Entfernung von uns

Selbst

Wenn wir begreifen, dass die Einheit uns alle noch immer
umfasst,
uns nie loslassen wird.
Erinnerung an die Vision der Wahrheit,
die wir alle sind.

Es gibt eine Dimension, an die wir uns immer erinnern: die Quelle einer moralischen Wahrheit, der die systemische Struktur noch entbehrt und die uns eine Welt jenseits der Bestehenden sehen lässt, die wir mit Überzeugung menschlich nennen würden.

Es gibt immer eine Dimension jenseits derer, die wir bereits leben.

In diesem Kapitel wird es um das Potential dieser Dimension gehen, die ich den transformierten Geist nenne und welche damit als essentielle Erweiterung jener mentalen Verfassung gilt, die ich zuvor bereits als den gegenwärtigen Geist einführte.

Ich möchte also vom transformierten Geist sprechen als eine Möglichkeit, die immer in uns ist, in jedem von uns. Ich möchte von ihm sprechen als das, was wir in den Augen eines neugeborenen Kindes erkennen, wenn es die Welt erblickt und nichts sieht als Gestalt ohne Bedeutung. Die Bedeutung der Form kommt erst mit den Worten, mit der Bezeichnung, die Essenz jedoch, die Wesenhaftigkeit des Seienden, wird erst sichtbar im Bewusstsein. Und auch wenn das Kind dieses Bewusstsein noch nicht hat, gehört es ihm doch an und ist doch die Erkenntnis an sich, denn es atmet, ohne zu wissen wie und ist darin allein bereits alles, was wir jemals werden sein können. Denn wir bleiben dieses Kind, immer. Und ich möchte sagen, dass die Grundlage alles vergangenen und gegenwärtigen Leids, in das wir uns als Menschheit begeben, seine Ursache in der Leugnung ebenjener Instanz in uns hat, die immer neugeboren bleibt und die uns einfordert, wenn wir uns zu sehr von ihr entfernen. Dieser Moment der Einforderung ist nun gekommen, da der unsichtbare Wandel unser Bewusstsein reaktiviert und darin zugleich auf eine neue Ebene erhebt, wie ich sie im vorangegangenen Kapitel einführte.

Um den transformierten Geist in dem Sinne zu begreifen, in dem ich hier von ihm schreibe, ist es essentiell zu sehen, dass es keinen Zeitpunkt gibt, zu dem er nicht als naturgegebene Möglichkeit in uns angelegt ist. Unsere gesamte Gegenwart auf der geistigen Ebene, die sie vorrangig prägt, ist eine Vorstufe der Verkörperung eines erweiterten Bewusstseins, das immer und ohne Ausnahme in uns als Menschen vorhanden ist und zugänglich wird, sobald wir den Eintritt in diese Bewusstseinsform suchen.

Denn wir erkennen uns im Ausdruck von Kunst, in scheinbar zweckloser Ästhetik der Bewegung des Körpers, in orchestralen Klängen, den Farbspektren des mit der Sonne wechselwirkenden Himmels und auch in der undefinierbaren Weite einer sternenklaren Nacht. Transformierter Geist sind wir in der puren Emotion – in der unvermittelten Freude ob der Schönheit der Natur, in der Empfindung des wissenden Schmerzes, wenn wir beschließen, uns zu lösen, um weiter zu wachsen. Ebenso begegnen wir dem transformierten Geist in der unvermuteten Gegenwart des Kosmos, die uns überkommt, wenn wir für einen Augenblick nicht aufpassen und uns plötzlich außerhalb vermeintlicher Notwendigkeiten finden.

Der transformierte Geist ist auch das, was auf Irritationen tiefgreifender Überforderung folgt, die die beengenden Hüllen sprengt, oder auf eine fundamentale Erschütterung durch ein tragisches Ereignis, die unsere rational konzipierte Grundlage, die uns temporär diente, entzieht.

Der Zustand des transformierten Geistes ist jener, da wir uns nicht mehr konzentrieren müssen, um eine beschränkte Wahrheit zu konstruieren, sondern wir im Gegenteil durch eine erweiterte Empfindung in uns zur Wahrheit selbst werden. Dies sind Momente, da der Mensch sich als Wesen erkennt, als Seele; da jede Täuschung von Spaltung und Zweckgebundenheit verblasst zu einer bloßen Erinnerung; einer Absurdität angesichts der Wiedervereinigung mit dem Großen, das ohne Namen ist und zugleich alles, das überhaupt namensgebend sein kann. In diesen Momenten sind wir bereits der transformierte Geist. Er ist keine abstrakte Größe einer fernen Zukunft, sondern ein Ankommen in unserer

Bewusstseinsfähigkeit des gegenwärtigen Seins, das zugleich weiter zu reichen scheint als der Raum, den es gerade unmittelbar umgibt.

In all dem zeigt sich, dass der Bewusstseinszustand des transformierten Geistes bereits integraler Teil unseres natürlichen Seins ist, Eigenschaft unseres Wesens, das sich nicht lange auf das Sichtbare beschränken kann, weil es selbst dem Unsichtbaren angehört und aus dem Unbestimmten kommt, das wir innerhalb des physischen Lebens nur erahnen können. Die Fähigkeit der Transzendenz war und ist uns immer inne – ein Verlust derselben ist daher Illusion. Doch ähnlich wie ein Strom nur ein Flussbett bildet, wenn er stetig fließt, hängt unser Zugang zu den oberen Bewusstseinsebenen unseres Geistes davon ab, ob und in welcher Intensität wir diese Verbindung kultivieren. Eine Gabe, die nicht entwickelt wird, kümmert. Durch die materialistische Orientierung im jahrzehntelangen, kapitalistischen Streben unserer Gesellschaft, haben wir diesen Anteil zunehmend von uns abgespalten, in der Annahme, er hielte der rationalen Logik nicht stand und stellte nichts weiter als eine störende Sensibilität in der täglichen Notwendigkeit reibungsloser Funktion dar.

Die Fähigkeit, die Wahrheit der Möglichkeit der Transzendenz, die Erweiterung des Bewusstseins über ein Selbstverständnis als definierte Person innerhalb von Zwecken hinaus, wurde abgedrängt und ersetzt durch ebenjene geistige – viel eher geistlose – Schicht, die sich im bereits charakterisierten gegenwärtigen Geist findet und durch ihn ausdrückt.

Doch Abgedrängtes ist nicht verschwunden, es wird lediglich nicht mehr gesehen, nicht länger wahr-genommen, im ganzen Wortsinn. Es bleibt dabei ein in uns wartendes Potential, eine hintergründige Möglichkeit, bereit für ihre Wiederentdeckung.

Die erste Reunion mit der Qualität des transformierten Geistes geschieht genau jetzt durch die Ebene der Empfindung. Sie beginnt mit der Wiedereingliederung unserer selbst in das Feld der Ökologie. Die wissenschaftliche Erkenntnis hat uns weit genug geführt, um zu begreifen, dass nichts innerhalb der Welt und außerhalb von ihr unabhängig voneinander geschieht. In der Neu-Verortung als wirkende, sich auswirkende Instanz in einem natürlich verbundenen Gefüge beginnt bereits der Eintritt in den größeren Zusammenhang, dessen Vergegenwärtigung den transformierten Geist vor allem anderen ausmacht und der ebenso am Anfang des Prozesses der kollektiven Heilung steht. In dieser Neu-Verortung beschreiten wir die erste Stufe auf dem Weg in das Bewusstsein des transformierten Geistes, denn eine Einordnung als bedingte Wesen innerhalb der Wechselwirkungen der Natur ist eine mikrokosmische Öffnung für eine Einordung im Universum, dessen Gesetzmäßigkeiten uns umgeben und als solche durch uns fließen und wirken. Dieser Prozess vollzieht sich immer durch die Ebene der Empfindung, da ein Gewahrsein unserer selbst als Teil einer größeren Dynamik des Lebendigen eine umfassende Erfahrung meint, die durch den rationalen Verstand allenfalls konzipiert, jedoch nicht zu einer die innere Welt durchwirkenden Wahrheit als neue Grundlage der Selbstverortung erhoben werden kann. Was zuvor Naturstoff war, fremde Substanz und außerhalb unserer Körper, auf die wir unser Sein begrenzten, wird zu mehr als zu extrahierender Ressource: Es entsteht durchströmende Berührung, eine Verschmelzung der Energien des Lebendigen, die das innere Wesen initiiert. Im Bewusstseinsfeld des transformierten Geistes gibt es keine Um-Welt, denn jegliche Form der Separierung und physisch manifestierter Abgrenzung zeigt sich als nichts als eine Illusion. Innen und Außen, Substanz und Energie, Sichtbares und Unkenntliches – zuvor in unüberwindbarer Dualität gehalten – verlassen ihre scheinbare Voraussetzung als Gegensätze unvereinbarer Räume und zeigen sich als das eine Sein, das sie immer waren und welches nun durch den neuen Geist in eine neue Realisierung geführt wird.

Der transformierte Geist trägt das Bewusstsein, eins zu sein mit der Welt, die ihn umgibt und die er selbst durchwirkt und in sich bildet. Er ist die lebendige Anerkennung, dass jede Form der von außen auf uns einwirkenden Kraft, die uns als Bedrohung und Gefahr erscheint, keine Ursache für Kampf oder destruktives Wirken bietet. Jede Rechtfertigung für Gewalt verliert ihre konstruierte Legitimation, denn eine Eliminierung von Kräften ist für den transformierten Geist nichts als angstgetriebene Reaktion.

So wird aus todbringendem Virus ein Wesen, das ebenso Teil der lebendigen Gemeinschaft auf dieser Erde ist, wie wir es sind, und die gleichen Gesetze des Lebens in sich trägt. Auch wird, was zuvor mit Gift bekämpft wurde, zu wechselwirkendem Mitglied des natürlichen Gefüges.

Wo der gegenwärtige Geist Monokultur und vermeintliche Immunität erschafft, erkennt der transformierte Geist dies als die fehlgeleitete, destruktive Haltung der Abwehr gegen eben das, als dessen Teil er sich begreift und dessen inhärente Logik tiefer blickt als unsere begrenzte Auffassung von Wirtschaftlichkeit.

In all dem ist der transformierte Geist jedoch frei von Beschönigung, denn er sieht die Wunden des Kampfes und leugnet nicht, um schädliche Struktur in ein Neues überführen zu können.

So bleibt ein Virus auch für ihn ein kritischer Einfluss auf den menschlichen Körper, eine Herausforderung für unser verwundbares physisches Dasein hier auf diesem Planeten.

Doch durch ihn sehen wir erwachsen genug, um zu begreifen, dass ein gesundes Leben nicht der Abwesenheit von Krankheit bedarf, sondern der Resilienz, die in sich stabil und frei von Kampf ist.

Der erneuerte Geist führt uns in die Konzentration auf die Heilung schwacher Strukturen, die unsere Leben schutzlos halten, anstelle der Abschottung gegen das, was uns berührt.

Darin ist der transformierte Geist nicht destruktiv, sondern kreativ wirkend; nicht negierend, sondern integrierend. Durch ihn erkennen wir, dass nur die Arbeit *mit* den uns umgebenden, auf uns und durch uns Menschen wirkenden Kräften, Wesen und Formen, ein aufrechtes und gesundes Leben ermöglicht.

Stärke finden wir durch ihn in Anerkennung dessen, was naturgegeben ist, um anzukommen jenseits der Grenzen der Absonderung, die wir in der Angst des gegenwärtigen Geistes noch immer um uns ziehen. Doch vor der seelischen Instanz in uns gibt es weder Spaltung noch Angst. Vor der seelischen Instanz in uns gibt es nur eine einzige Relevanz: im Sinne ihrer Kraft zu wirken. Und so ist der transformierte Geist ebenjene Energie, die uns dazu bewegen kann, eigens verfügte Hemmnisse menschlicher Potentiale sowie kollektive Traumata zu erkennen und in Resonanz sowohl die Wunden der Erde als auch unsere eigenen zu heilen. Gäbe ich dem transformierten Geist einen Namen, so wäre er All-Verbundenheit, denn durch ihn erfüllt sich »Interbeing«[6] in seiner ganzen Dimension.

So absolut und weltfremd diese Ebene der Wahrnehmung in all dem scheinen mag, so ist sie doch nichts anderes als ebenjene Erweiterung des Bewusstseins, zu der Menschen im Betreten meditativer Zustände und jäher Einfälle von Erkenntnis fähig sind. So wie das Neugeborene die unwissende Kampflosigkeit ist, so sind wir in unserer Separierung nichts anderes als ein Blick durch einen Schleier, den wir im Prozess der physischen Expansion und materieller Einverleibung über unsere Sicht gelegt haben. Der transformierte Geist ist nie weiter als eine Verschiebung der Realitäten entfernt. Er ist die Instanz in uns, durch die wir vermögen, unser Ego als begrenztes Konstrukt der Identifikation zu erkennen, welches Angst- und Kontrollmuster um sich aufbaut, um sich in einer Welt zu behaupten, in der Konkurrenz und Dominanz als leitende Parameter etabliert wurden. Doch der transformierte Geist erkennt diese Dynamiken der Trennung und lässt sie uns begreifen als wider die Natur unseres allverbundenen Selbst. Denn welche Gesetzmäßigkeit sollte Spaltung in einem Universum erfüllen, in dem Wechselwirkung von Energie, kreisläufige Erneuerung und sich gegenseitig ernährendes Leben seit jeher aufeinander abgestimmt sind und in sich eine Balance schaffen, die alle Wesen hält?

Spaltung, manifestiert in Absonderung von der Natur als außer uns liegende Fremdheit, die es zu beherrschen gilt, verfestigt in hierarchischen Strukturen der Ausbeutung, die jenseits der Erkenntnis eines geistig-spirituellen Potentials liegen, das allen Menschen gemein ist, ist demnach nichts als eine Kreation verirrter Gedanken. Außerhalb der All-Verbundenheit des transformierten Geistes mögen wir uns selbst nur als vereinzelte Positionen in einem uns bestimmenden Gefüge wirtschaftlicher und politischer Behauptung verstehen können, doch verlassen wir dieses Konstrukt, öffnen wir uns für die größere geistige Möglichkeit in uns, so erweist sich diese Vorstellung als eine Illusion, weit entfernt von der Natur unseres Wesens, welches undefiniert bleibt und neugeboren wie am ersten Tag.

Der transformierte Geist ist keine diffuse Größe außerhalb von uns, in ihm liegt die Essenz unseres Seins an sich. Als solche hat er uns immer begleitet und die Geschicke dessen gelenkt, das wir Geschichte nennen. Und so wird er sich abermals und neu zeigen, wenn wir bereit sind, uns zu ihm zu bekennen, ja selbst zu ihm zu werden. In diesem Sinne ist der transformierte Geist nichts Geringeres als die wachsende Kraft einer neuen Selbst-Werdung. Wann, wenn nicht jetzt, da die Zeichen der krisengeprägten Zeit in deutlicher werdenden Signalen zur Besinnung auffordern, erweist sich der Moment ihrer Reaktivierung als gekommen?

Die Spannungsfelder um uns werden dichter, auf sichtbarer Ebene verstärkt sich das Chaos, doch in der geistigen Dimension wächst eine Verfeinerung, die uns an unsere energetische Natur erinnert. Die Impulse der Rückkehr und Neuvereinigung mit der Wesenhaftigkeit der uns umgebenden Welt sowie die immer offener praktizierte und besprochene Anbindung an die Heilungspotentiale unseres spirituellen Seins sind die Zeichen der neuen Zeit, der Beginn unserer Initiierung in den transformierten Geist.

Wir dehnen uns aus
hinein in eine Multiplikation unseres Wesens.
Gehen durch Erde, Asche und Staub
und werden
und bleiben
nie anderes
als Licht.

Erstreckt bis an den Horizont des Seins.

Der transformierte Geist ist die Fähigkeit der puren Erkenntnis unserer selbst als verletzliche, seelische Wesen, die eine Erfahrung auf dieser Welt und in dieser Zeit teilen. Wir alle sind der Wandel, er vollzieht sich durch die inneren Strukturen eines jeden Gliedes und jeder Zelle unseres Körpers.

Der transformierte Geist ist die Kraft, die uns seit jeher innewohnt und in uns wächst und durch die wir uns selbst und die Welt mit neuen Augen sehen, worin die Grundlage der Heilung unserer Spuren auf der Erde verborgen liegt.

Denn wenn wir fähig sind, einen solchen Geist in uns zu empfinden, uns als Energie von kosmischer Dimension zu begreifen, weshalb sollten wir dann nicht fähig sein, unser Leben auf der Welt im Sinne dieser Kraft zu gestalten? Die Wahrheit in uns ist klar und bereit, durch uns angenommen zu werden.

Das neue Bewusstsein
oder:
die Unvereinbarkeit des neuen Geistes mit der alten Welt

Menschenkind, durchschaue deine Illusionen,
die Welt kann nur so weit kommen, wie dein Geist es vermag
Glaube weder Schauspiel noch Lärm.
Sie sind nichts als Schleier über der Wahrheit,
die zu sehen
deine Augen bestimmt sind.
Du bist diese Wahrheit.
Immer gewesen.
Lange vergessen.
Die Welt trägt die Spuren dessen, was nicht Lüge ist, sondern
Leere
Membran über dem Zellkern
der Seele.
Atme, Menschenkind.
Vergeude nicht deine zum Bersten gespannte Lunge.
Nimm ihre Flügel und erhebe dich.
Lärm und Schauspiel werden nichts sein als Schall und Licht.

Was bedeutet die Erkenntnis der Möglichkeit des transformierten Geistes nun für das Bewusstsein, das unser Leben hier auf dieser Erde prägt? Wie kann diese neu erschlossene und stetig wachsende Dimension einer naturgegebenen, universellen Verbundenheit auf eine Weise im gegenwärtigen Geist ansetzen, sodass wir sie als mehr begreifen als eine parallele Abstraktion?

Denn in all dem geht es nicht darum, die Welt geistig zu verlassen und jeder Materie abzuschwören, sondern vielmehr darum, uns aus einem neuen Selbst-Verständnis heraus in ihr zu verorten, welches uns nicht länger auf rationale Handlungen und Organisation von Materie reduziert.

***

In den vorangegangen Kapiteln habe ich gezeigt, dass die Möglichkeiten unserer geistigen Dimensionen weit über die Bewusstseinsebene hinausgehen, die wir aktuell leben. Und nun stellt sich die Frage, wie der geistige Beginn der All-Verbundenheit mit der Kontur der Welt vereinbar sein kann. Die Antwort liegt in dem Bekenntnis zu einem neuen Bewusstsein, zu dem wir zweifelsfrei fähig sind, ja dem wir bereits angehören in den Momenten, da wir es betreten und uns bewusst oder unbewusst in Räume jenseits der Funktion begeben.

Durch das in uns angelegte Potential des transformierten Geistes liegt in uns die Möglichkeit, in ein neues Verständnis überzugehen. Die Krisen der Welt drängen uns aus der Enge einer alten Mentalität geistiger Begrenztheit hinaus; in der wachsenden Erkenntnis, dass wir als Menschen, als Wesen, als Seele, als Selbst über potentialabsorbierende Rahmen des gegenwärtigen Weltgefüges hinauswachsen, fordern wir selbst den Atemraum ein, den wir nur durch ein neues Bewusstsein im Sinne eines erneuerten Selbst-Verständnisses in uns und daraufhin in die systemische Ebene zu integrieren vermögen.

Blieben wir im alten Zustand, so würden wir uns weiterhin in unserer Unterwerfung unter ökonomische Notwendigkeiten in einem trägen Bemühen, die ökologischen Krisen berechnend durch umgrenzte Ziele auszuräumen sowie die Aufgabe der Auflösung wachsender Ungleichverteilung auf der Welt durch temporäre Ausgleichshandlungen zu vertagen, selbst sabotieren.

Doch das neue Bewusstsein verschwendet seine – unsere – Energie nicht länger in Stellvertreterschauspiel, denn in ihm erkennen wir uns als die einzige, real existierende, souveräne Handlungsmacht im Gestaltungsprozess unseres Wirkens auf der Welt. Souverän deshalb, da alles, das uns als vermeintlich bindendes, gesetzmäßiges Gefüge umgibt und lenkt, von uns und durch uns Menschen selbst erschaffen wurde und täglich fortlaufend generiert wird und demnach auch durch uns – und nur durch uns – zu jeder Zeit mit einer Mobilisierung von Willen und Kraft transformiert werden kann.

Der transformierte Geist erwächst aus dem Prozess unserer mentalen Evolution und aus diesem wiederum folgt ein neues Bewusstsein, in dem ebenjener als die Wahrheit unserer Entwicklung Anerkennung findet. Und so geht das neue Bewusstsein nicht länger von uns selbst als durch unsere eigens kreierten Umstände determinierte Wesen aus, sondern leitet uns ein in die Neu-Verortung unserer selbst als aufstrebende Seelen in einem expandierenden Universum, wachsendes Gewahrsein in einer zur vollkommenen Entfaltung führenden Hermeneutik der Evolution.

Nehmen wir diese Perspektive auch nur für einen Moment ein, so ändert sich der bisher gehaltene Bedeutungshorizont unseres Blickes auf die Dynamiken der Welt grundlegend.

Noch handeln die Debatten, die wir führen, von der Bewältigung einzelner Krisen als Problem an sich. Doch in ihrem Ausgangspunkt ist jede dieser Krisen, wenngleich manifestiert in vielseitiger Gestalt, die globale Erwärmung ebenso wie Verlust biologischer Vielfalt, steigende Armut ebenso wie schwindende Ressourcen, zunehmende Fluchtbewegungen ebenso wie die Förderung ihrer Ursachen umfassen, ein und dieselbe. Denn Ausgangspunkt all dieser und aller hier nicht benannten Krisen, die das globale Ungleichgewicht symbolisieren, ist die fehlende Anerkennung ihrer als Symptom der Weltenordnung, die an sich die Krise ist. In der Vergegenwärtigung des systemischen Verhängnisses jenseits seiner bereits sichtbaren Folgen setzt das neue Bewusstsein an.

In der Anerkennung einer gemeinsamen Natur unseres Wesens, das sich in seiner Essenz nach nichts mehr sehnt als individuellem Ausdruck in Freiheit und der Empfindung, Teil eines großen Ganzen zu sein, in der die persönliche Spur dienend integriert werden kann, werden jedwede Interessenkonflikte, die die globalen Dynamiken heute prägen, zu nichts als einer Simulation einer Unvereinbarkeit, die es außerhalb der Konkurrenzprogrammierungen des gegenwärtigen Geistes nicht gibt. In der Verortung im Geschehen eines übergeordneten evolutionären und damit kollektiven Wandels, der nur im Sinne aller sein kann, weil er eine Manifestation der Sehnsucht des Lebens nach sich selbst und damit eine Bewegung in eine erweiterte Welt meint, verlieren Entscheidungen um die Abwägung finanziell und ökonomisch gebundener Bestrebungen an Bedeutung.

Wenn wir uns entschieden, Seele zu sein, könnten wir den Lärm der Welt dann noch überhören? Würden wir uns weiterhin in enge Zeitraster der Illusion drängen, wenn wir ebenso die ungebundene Erstreckung in ewige Gegenwart als unsere natürliche Seinsform wählen können? Seele zu sein bedeutet nicht, Weltliches zu leugnen. Doch die Reanimierung der unabhängigen Instanz in uns, die sich temporär in die sichtbare Welt hinein manifestiert, verleiht uns die Souveränität zu erkennen, welche Formen der Lebensführung, der Organisation innerhalb des materiellen Gefüges der Wahrheit der seelischen Natur entsprechen. Überall dort, wo Welt zu Ballast und System zu Hemmnis wird, widerstreben sie der Wahrheit der

Natur unseres Wesens, das sich selbst findet – in den Räumen, in denen pures Sein ist jenseits der Funktion.

Ein System, das uns Menschen im Verhängnis wirtschaftlicher Forderungen zur Generierung von Profit hält, deren kapitalistisch gebotene Extraktionsnotwendigkeit die Kultivierung eines nachhaltigen Gleichgewichts auf dieser Welt unterbindet, erweist sich dem neuen Bewusstsein nicht nur als obsolet, sondern zeigt sich ihm von einer tiefgreifenden Absurdität in Anbetracht der geistigen Möglichkeiten, die uns Menschen gegeben sind, um die Welt und uns selbst in ihr wahrzunehmen. In der geistigen Dimension erkennen wir unseren Ursprung, denn durch sie verbinden wir uns mit der Quelle des Lebens in uns. Unsere Grenzenlosigkeit liegt in der feinstofflichen Instanz des Schamanen, in tänzerischer Ekstase und Trance außerhalb des Körpers. Die um uns erschaffene Welt der Grenzen ist keine Welt unseres Wesens. Darin liegt die fundamentale Botschaft des neuen Bewusstseins, denn in ihm erkennen wir uns selbst neu: als geistige Wesen, deren jede Entscheidung, Worte und Handeln in Anbindung an eine ätherische Dimension von heilender, unseren inneren Bedürfnissen entsprechender Kraft sein können. Als geistige Wesen, die sich ihrer Geistigkeit bewusst sind und diese als Potential in sich anerkennen, erkennen wir die gegenwärtige Welt als eine gänzlich von unserer Wahrheit abgesonderte Gestalt.

Denn wer in sich die Fähigkeiten eines energetischen Lichtarbeiters[7] begreift, wird sich nicht länger selbstkonstruierten Zwängen aus Leistung, Produktion und Kapitalgenerierung unterwerfen, wo er die Fülle längst in seinem Ausdruck wahrnimmt und darin neu schafft. Niedere Größen aus Leistung und Anhäufung liegen außerhalb unserer Natur und führen uns auf Handlungsebenen, die unserem Wesen und Potential durch Muster der Ausbeutung und brutalen Dominanz im Innersten widersprechen.

Wer in sich die Fähigkeit geistiger Manifestation erkennt, wird bestehende Strukturen nicht länger als bindende Gesetze begreifen, sondern über sie hinaus Welten erschaffen, die frei sind von Unterdrückung und Selbstsabotage.

Wer in sich ein evolutionäres Wachstum auf individueller Ebene erkennt, wird in jedem Mitmenschen ein Gegenüber innerer Transformationsprozesse achten.

Die gegenwärtige Welt mag von vermeintlichen Notwendigkeiten der Spaltung bestimmt sein, doch in uns allen lebt unterschiedslos das Seelengesetz der Wandlung, welches uns unweigerlich in das lichtvolle Netz universeller Verbundenheit, Liebe und Wertschätzung der gesamten Schöpfung führt.

In diesem Verständnis liegt die Essenz des neuen Bewusstseins, das uns selbst neu werden lässt.

Denn wo die alte Ohnmacht Krisen sieht, erkennt das neue Bewusstsein die Zeichen des Übergangs in eine neue Zeit, in der die noch gegenwärtigen Gesetze des Systemgefüges nicht länger Bestand haben. Das neue Bewusstsein ist die Vergegenwärtigung einer ebenso unausweichlichen wie tiefgreifenden Transformation, die so grundlegend ist, dass sie alle unsere Lebensbereiche umfasst. Ob wir dem Bild der evolutionären Zyklen folgen oder nicht – wir befinden uns an einem Punkt, da wir die Parameter unserer politischen, gesellschaftlichen und wirtschaftlichen Ordnung von Grund auf zu revolutionieren gefordert sind. Das neue Bewusstsein lebt in der Anerkennung dieser Notwendigkeit und Folgerichtigkeit des globalen Umbruchs und realisiert diesen als die *große gemeinsame* Aufgabe unserer Zeit: groß, weil sie einer großen Lösung von lebenswidriger Struktur bedarf, und gemeinsam, weil sie in ihrer Dimension ausnahmslos jeden Menschen berührt und wir somit alle gleichermaßen Beobachter und Wirkende dieses Prozesses sind.

In all dem ist das neue Bewusstsein jedoch nicht nur geistiger Natur, denn es wird gespeist von der Herzebene, die alles integriert, dass wir bislang aus unserem Inneren auslagern.

Nie zuvor in der Geschichte der Menschheit lebten wir in einem solchen Überfluss an Wissen und Information über uns selbst, unser Handeln und das gesamte Gefüge der Erde als Grundlage unserer Lebenswelt, wie in der heutigen Zeit globaler Vernetzung. Nie waren wir der verstehenden Dimension des Geschehens durch unser Wissen näher als heute. Und ebenso waren wir nie weiter von einer realisierenden Empfindung desselben entfernt. So wissen wir um das dramatische Ausmaß der vielschichtigen ökologischen Krisen ebenso wie um die drängende Notwendigkeit, ihnen Einhalt zu gebieten – detailgetreu liegen die Erkenntnisse schwarz auf weiß vor uns. Doch die Kohärenz unserer Handlung bleibt aus.

In der sich unablässig vollziehenden Verarbeitung, die diese auf uns einströmenden Reize unserem Geist abverlangen, vermögen wir keinen inneren Bezug zu den Ressourcen aufzubauen, die uns stetig tiefer in das Zusammenspiel aus Ursache und Wirkung menschlichen Handelns und der weitreichenden Folgen desselben auf diesem Planeten in wachsender Komplexität blicken lassen.

In der Überlagerung äußerer geistiger Herausforderungen haben wir verlernt, diese durch unser Inneres in der empfundenen Dimension zu realisieren und dementsprechend auf einer neuen Erkenntnisgrundlage zu handeln. Es ist, als würde all die wachsende und stetig weitreichendere Erkenntnis in Wissenschaft und sozialer Analyse, die uns stetig mehr über den Charakter unseres Geistes und ebenso unserer Psyche in Resonanz mit unserer gegenwärtigen Art zu leben lehrt, außerhalb unseres Selbst in einer Parallelwelt befindlich sein, die wir zwar rational erörtern und im Sinne der Logik zu debattieren vermögen, dabei jedoch an der Übertragung derselben in unser individuelles und kollektives Inneres scheitern. Wir bewegen uns zu selten dazu, zu realisieren, dass dieses Wissen keine Fremdheit außer uns beschreibt, sondern in uns selbst lebt, da es uns über uns erzählt. Wir sind die Verkörperung dieser Erkenntnis und ebenso jene des Wandels. Keine Erkenntnis liegt außerhalb unseres Seins.

Um nun Erkenntnis in ihrer Dimension geistiger Erweiterung zu begreifen, um sie als Ausgangspunkt unserer menschlichen

Weiterentwicklung nehmen zu können, brauchen wir das Element der Verinnerlichung, durch das wir uns selbst als ihre lebendigen Repräsentanten empfinden können. Dieser Prozess geht über den bloßen Verstand hinaus, da wir die Handlungsmuster in uns selbst erspüren müssen, um sie im Sinne der Erkenntnis entkräften und transformieren zu können. Solange Information außerhalb unserer selbst bleibt, kann sie sich nicht in uns formieren, worauf das Wort im Eigentlichen hinweist. Solange wir den Wandel außerhalb unserer selbst verorten, geschieht keine Lösung von der alten Denkstruktur, da sie in unserem Inneren auf der seelischen Ebene wirksam bleibt. Deshalb ist das neue Bewusstsein in der Essenz eng verknüpft mit der sensiblen Dimension der Herzebene, denn nur durch diese vermögen wir diese Taubheit zu durchdringen.

Erst wenn wir wieder beginnen zu empfinden, werden wir jenseits rationaler Erwägungen realisieren, dass die Transformation unseres Seins, des Selbst-Verständnisses und demzufolge unserer Lebensweise nicht nur eine Folgerichtigkeit unserer menschlichen Evolution ist, sondern ebenso ein Gebot der Achtung vor der lebendigen Erde, die uns trägt, ernährt und umgibt. Selbst wenn wir uns der Erkenntnis unserer selbst als kosmische Wesen verweigern – was nur vorübergehend sein kann, denn das spirituelle Wesen ist Essenz unserer seelischen DNA – so bleibt dennoch der Auftrag des respektvollen Umgangs, der Erneuerung unserer Beziehung zu den natürlichen Grundlagen, die uns unvermeidlich in die Kreation des Wandels leitet.

Äußerer und innerer Pol vereinen sich in uns zu einer Wechselwirkung, in der wir den Weg unserer Entwicklung erkennen. Darin liegt die wesentliche Eigenschaft des neuen Bewusstseins.

Auch erkennt das neue Bewusstsein, dass alle Ressourcen zur Gestaltung dieses Wandels bereits vorhanden sind und jede Form des Mangels ebenfalls eigens konstruiert. Denn wir wissen, welche Handlungen ebenso notwendig wie möglich sind, um Klimawandel und Artensterben aufzuhalten und ein friedliches und gerechtes Zusammenleben für alle Wesen auf diesem Planeten zu garantieren. In der Dekade der Restoration stellt sich nicht länger die Frage nach Wegen der Heilung, denn diese sind bereits vorhanden. Die neue Aufgabe besteht in der Mobilisierung der Mittel, ebenjene zu beschreiten. Mittel, deren Verteilung noch von Gesetzen abhängt, die wir selbst erlassen und im dringend benötigten Handlungsspielraum begrenzen. Im neuen Bewusstsein ist der Wandel das einzige wirklich bindende Gebot. Denn als kosmische Wesen geistiger Entwicklung sind alle systemischen Hemmnisse lediglich eine Absurdität, die es auszuräumen gilt; alte Relikte einer Dynamik, in der wir uns das Begreifen unserer selbst als gemeinsam Wandelschaffende verwehren, da wir uns in spaltendem Streben der Ökonomie verlieren.

Das neue Bewusstsein erstreckt sich jenseits dieser Grundsätze, die für das Wesen nichts weiter sind als einschränkende Illusion. Verhandlungen von politischer Trägheit sind für uns als Wesen geistigen Potentials ein Zeugnis geistiger Hemmung, welche uns von unserer inneren Kraft trennt. Das neue Bewusstsein wiederum kennt den Weg. Im neuen Bewusstsein gehen wir ihn.

Denn aus ihm heraus debattieren wir den Wandel nicht länger, wir erkennen uns selbst als diesen an. Im neuen Bewusstsein legen wir ab und schaffen neu. Das neue Bewusstsein schafft Nachhaltigkeit nicht aus krisenverfügter Nötigung, sondern aus Kohärenz der Empfindung ihrer als unserer wahren Natur der Verbundenheit entsprechend, die den transformierten Geist durchwirkt und an die zu erinnern wir auch durch die Schleier der gegenwärtigen Mentalität hindurch fähig sind, wenn wir uns dazu entschließen. Die Selbstverständlichkeit der Funktionalität fällt in sich zusammen und die im Systemgefüge verankerte Voraussetzung ihrer erweist sich als bloßes Konstrukt, das uns einmal dienlich war als es noch um die Meisterschaft der Materie ging, doch nun nichts weiter ist als eine letzte Schicht Ballast über dem neuen Selbst-Verständnis, das uns sehend macht. In der uns innewohnenden Möglichkeit der

Erkenntnis und Empfindung der All-Verbundenheit liegt die Perspektive, uns selbst als kosmische Wesen anzuerkennen und die lange verfügte Separierung aufzuheben. Jedoch entscheidet sich das neue Bewusstsein nicht daran, ob wir uns eine solche Selbst-Bezeichnung zu eigen machen werden, sondern vielmehr in der Anerkennung jenes wachsenden geistigen Potentials, in dem wir dazu befähigt sind, unser Dasein und Handeln in einen größeren Zusammenhang der menschlichen Entwicklung einzuordnen.

Nichts anderes ist in der Essenz Spiritualität, denn darin öffnet sich der Geist für sich selbst und ebenso über sich selbst hinaus, um neu und heilend in Resonanz zu treten.

Im neuen Bewusstsein ist der Prozess der geistigen Erweiterung nicht länger eine esoterische Option, sondern eine Wahrheit kollektiven Wachstums.

Aus einem Seelenbewusstsein heraus gesehen, fällt die scheinbare Nötigung des Weltgefüges in sich zusammen. Die Welt ist nicht unsere Identität, sondern wir sind die DNA der Welt.

Als Wesen, die aus dem Unbestimmten kommen und in das Unbestimmte übergehen, ist Transzendenz, die Verortung im Außerweltlichen, Außerkörperlichen das einzige, das uns wirklich hält und eint, weil wir dadurch immer wieder neu erfahren, dass die wenigsten Prozesse universell sind, wenngleich sie mit temporärer Gültigkeit durch uns und um uns erschaffen wurden und das in denjenigen von grundlegender Gültigkeit des Natürlichen der Ursprung dessen liegt, was uns wachsen lässt.

Nehmen wir uns als Seele und die Welt wird sich verändern.

Inhärente Ökologie

Wir haben uns durch deine Haut geschlagen
deine Adern anzuzapfen

    in uns ein gefrorenes Netz

ausgestreckt liegst du
vor mir
dein blaugrünes Kleid hängt
in Fetzen über
Elementen extrahierter Seele
    über den Spuren, die deine Haut zeichnen
    liegt eine dünner werdende Luftschicht

ich frage dich, kannst du
noch atmen in ihr?
wie lange noch werden wir
deinen Körper absorbier'n?

auf den Schlachtfeldern vermischt sich unser Blut
mit deinen drängenden Wunden
vermählt sich das Wesen mit der Mutter
die ihre Frucht kaum noch wiedererkennt
Schatten wälzen sich, Schatten
    um deinen lodernden Kern

unter der durchstoßenen Membran der Körperoberfläche
bewegt sich zyklische Unendlichkeit
durch deine Adern fließt Wesen
in unzählige Gestalt

deine Substanz atmet Sonne, strahlendes Gewicht
vereint sich wachsend mit Teilchen aus Licht

Welt in der Blattader
erstreckt sich über meine Horizonte
wie ich
strecke mich aus meinen Gliedern heraus
aus Körper in Seele und darüber hinaus

grabe ich mich
in feuchtkaltes Gewebe
wühle mich durch
Irrwege wesenlosen Werkzeuges
Manifest gewaltsamer Spuren
Relief der Unersättlichkeit

tief eingewoben in deine DNA
finde ich
Sequenzen ausgehöhlter Hoffnung
und mich
Salz deiner Wunden
finde mich im Schoß
den du für mich atmest
kreisläufig nährend
in meinen offenen Kanälen
Lebendiges haltend

von oben sehe ich mich
in deine Tiefe fallend

und im Pulsieren deiner Quelle
steigen die Ströme wie ich
falle in die Form, die du gibst

im Feuer des Zentrums entzünde ich mich

blühende Träne, die Krusten zerbricht
tauende Ader, die Heilung verspricht

Jeder Mensch, der sich seiner selbst bewusst wird, erfährt in ebendiesem Prozess auch eine Neueingliederung in die Welt, die ihn umgibt. Mit dem Beginn der Kultivierung einer tieferen Beziehung zu sich selbst, ändert sich in Resonanz ebenso die Intensität der Beziehung zur natürlichen Umgebung. Die Wahrnehmung der Natur verwandelt sich von Grund auf.

Bewusstwerdung geht stets einher mit einer Intensivierung der Empfindung, mit einer Ausdehnung des Geistes, wie von ihr in den vorangegangenen Kapiteln bereits die Rede war. Als Wesen der Sinne, deren Wahrnehmungsfähigkeit sowohl Physisches als auch Außerphysisches im Sinne der seelischen Sensibilität umfassen, sind wir Menschen dazu bestimmt, in Kontakt mit der uns umgebenden Welt und ihren Wesen zu treten. Der sensible Dialog mit der gemeinhin als Um-Welt bezeichneten Dimension, welche im Eigentlichen die Mit-Welt meint, ist natürliche Eigenschaft und Voraussetzung des Menschen und seiner Verortung im Gefüge Welt. Wir sind Wesen der Wechselwirkung und genau darin erfüllt sich bereits ein Gesetz, dessen Vollzug uns gegenwärtig in beinahe unerreichbarer Ferne zu liegen scheint: das Gesetz der Ökologie.

Als Naturzustand allen Seins auf Planet Erde und als ebensolcher das Universum durchwirkend meint Ökologie nichts anderes als die feine Abstimmung einer unzähligen Vielfalt an Kräften unterschiedlichster Erscheinungsformen und Wirkungen aufeinander. Ökologie ist das Gesetz des Gleichgewichts, welches es innerhalb des großen »Hauses« (gr. *oikos* – Haus) Universum und auf Planet Erde aufrechtzuerhalten gilt. In diesem Sinne ist jedes Werden und Vergehen, Geben und Nehmen, Ernähren und Ernährt-Werden eine Folgerichtigkeit dieser sich selbst tragenden Bewahrung der Balance der Kräfte aller Wesen, alles Lebendigen und seiner Resonanzfelder.

Die Krise begann mit einem Austritt aus der Gesetzmäßigkeit des Ausgewogenen. Bevor wir Menschen anfingen, anstelle unserer selbst ein System der Produktion, Profitgenerierung und Maßlosigkeit zu ernähren und so mit den Ressourcen des Planeten eine Dynamik in Gang brachten, die anstelle eines Kreislaufs eine Linearität endloser Anhäufung bediente, gab es keinen Mangel auf dieser Erde. In einem Universum, das an Farben und Formen unendlich übergeht und der Neu-Kreationen nie müde wird, ist Mangel als Naturgesetz nicht vorhanden. Energie geht niemals verloren, solange sie in stetiger Wandlung bleibt. Dies ist nicht nur eine Erkenntnis der Physik, sondern ebenso die Grundlage der Erhaltung des Lebens aus sich selbst heraus. Wo die Energie eine Lebensform verlässt, geht sie in eine andere über. Wir leben in einem irdischen Gefüge, das Ressourcen nicht verlorengibt, sondern endlos transformiert.

Mangel ist also Kreation einer Lebensweise, durch die wir nicht das Leben selbst, sondern einen unersättlicheren Hunger zu stillen versuchen, welcher durch ebendiese Weise des Daseins stetig neu erzeugt wird und dadurch niemals aufhört zu nehmen.

Im Verlust der inneren Anbindung unseres Seins an die uns umgebende Fülle des Lebens in sich selbst, versuchten wir im Zuge kapitalistischer Bestrebungen durch immer sinnentfremdetere Formen materieller Erzeugnisse das zurückzugewinnen, was wir durch ebenjene Entfernung von der natürlichen Welt verloren. Doch wo das Innere einen Mangel hat, eine Leere vorfindet, ist der äußeren Formen nie genug, denn die Sehnsucht des Lebens nach sich selbst kann nicht durch Objekte außerhalb des Lebendigen kompensiert werden. Mangel entsteht immer da, wo auf eine Entnahme von Ressourcen keine Fülle folgt, die wiederum in den Boden der Neuentstehung der Wachstumsgrundlagen eingehen kann, um neue Nahrung zu schaffen. Mangel ist Resultat des Vollzuges paralleler Gesetze, die wohl ein System der Profitgenerierung bestimmen, nicht jedoch einhergehen mit der seit jeher wirkenden Dynamik natürlicher Prozesse.

Dieses Kapitel ist nun dazu bestimmt, uns daran zu erinnern, dass die Fülle uns noch immer umgibt und die Gesetzmäßigkeit der

Ökologie Ausgangspunkt aller weiteren strukturellen Transformation der gegenwärtigen Zeit hier auf diesem Planeten ist.

Wie alles andere auch beginnt die Wiedereingliederung in das Feld der Ökologie mit einer Öffnung unseres Geistes. Denn Ökologie ist kein weit entferntes Ziel einer unwahrscheinlichen Zukunft, ein politischer Trend oder gar eine neuzeitliche Ideologie, sondern jetzt und hier und seit jeher die Gegenwart, die sich durch unsere Körper und unser ganzes Sein vollzieht. Rhythmen der Atmung, Heben und Senken der Lungenflügel, Wachen und Schlafen, Ebbe und Flut, Geburt und Tod sind allesamt Pole des Aufstiegs, Fallens und Wiedereingehens lebendiger Energie in den Körper der Erde, Dynamiken von Yin und Yang, Gleichgewicht unserer Körper sowie Aufstreben und Lösung seelischer Kräfte unseres Wesens. Die Wurzel aller Weisheitslehren der Welt findet sich in den Bewegungen der lebendigen Natur. Ist sie nicht seit jeher unser Spiegel, unsere Mutter und der Ursprung aller Evolution? Wenn wir uns in ihr nicht erkennen, worin dann? Ist nicht jeder Prozess, den wir wider das Leben vollziehen, eine Handlung gegen uns selbst? Zeigt sich nicht eben darin, in der Leugnung unserer selbst als Teil dieses großen Gefüges der Lebendigkeit jene Disbalance, die wir als ökologische Krise bezeichnen und die uns nun die Verwundbarkeit unserer Position im Ganzen offenlegt?

Die Krise, der zu begegnen wir aufgefordert sind, ist keine äußere, denn die Ökologie als Gesetzmäßigkeit, als Kraft, ist niemals in der Krise, da sie universell in allem wirkend ist.

Die tieferliegende Krise, deren Begegnung unausweichlich ist, ist die Krise unseres Inneren, jene unseres Geistes, in der der Ursprung der Separierung gegründet liegt, durch die wir uns vom alles tragenden und immer bestehenden Netz der Ökologie entfremdet haben. Die Parallelität unserer konstruierten Zivilisation zur natürlichen Welt erscheint uns normal, weil wir sie uns als Begriff der Normalität eingeprägt haben. Es ist nicht unser inneres Wesen, das die Fülle der uns ernährenden Ressourcen zu auszubeutenden Objekten des

Nutzens degeneriert hat. Es ist nicht unser inneres Wesen, das uns in der Fülle der schöpferischen Welt ein Zu-Wenig sehen lässt, das uns zu grenzenloser Extraktion treibt, welche wiederum ebenjenen Mangel erschafft. Und es ist auch nicht unser inneres Wesen, das im Baum vor dem Fenster eine separate Fremdheit sieht, die Anwesenheit von Lebewesen anderer Gestalt als Bedrohung illusioniert und die wechselwirkenden Kräfte von Tier und Pflanze, durch Gift, Maschinen und Desinfektion zu unterbinden versucht. Wie könnte ein Universum, dessen Kräfte auf gegenseitige Wechselwirkung angewiesen sind, eine solche Notwendigkeit gebieten? Warum sollte der Mensch als Wesen des Intellekts und des Geistes als einziges Wesen auf dieser Erde zu derartiger Destruktivität gezwungen sein, um sein Dasein und Wachstum zu fördern, während alle anderen aus sich heraus ein Gleichgewicht aufrecht zu erhalten vermögen? Das Verhängnis unserer gegenwärtigen Situation ist kein naturgegebenes Dilemma. Es ist Ausdruck des gegenwärtigen Geistes, der sich von seiner eigentlichen Natur getrennt hat.

Wie wir Menschen der natürlichen Welt begegnen ist die Grundlage dessen, wie wir dem Leben selbst begegnen; und daraus folgend ebenso Voraussetzung der Art und Weise, wie wir Menschen einander gegenübertreten, denn wir selbst sind nichts anderes als Natur.

Was mit Spaltung von unserer natürlichen Mitwelt beginnt, wächst sich aus zu Kriegen gegen unsere Mitmenschen. Krieg ist die grausamste Manifestation, die auf die Entfernung von der All-Verbundenheit des ökologischen Lebensgesetzes folgt. Denn ist nicht auch die maßlose Praxis der Extraktion irdischer Ressourcen sowie die Einverleibung des Lebens unserer Mitwesen auf dieser Erde unter brutalster Missachtung ihres Lebensrechtes auf Wohlergehen und Freiheit nichts anderes als ein mit maschineller und rationalisierter Waffengewalt geführter Krieg, den wir in unserem System verankert haben?

Nichts kann dem fein abgestimmten Gefüge der Natur mehr zuwider sein als die Geringschätzung und Vergewaltigung ihrer

Geschöpfe aneinander. Es mag manchmal scheinen, das Gesetz aus Jäger und Gejagtem, Angreifer und Beute sei von derselben Brutalität und Grausamkeit gekennzeichnet. Und in der Triebhaftigkeit der Handlung erweisen sich diese Impulse als durchaus verwandt. Doch kein anderes Wesen der Natur verfügt durch seine Existenz und Lebenserhaltung die Ausrottung der mit ihm wechselwirkenden Art. Außerhalb der etablierten Handlungen des Menschen ist ein Nehmen immer eingegliedert in eine Balance aus Entnahme und Bewahrung. Alle Akteure bleiben stets Teil des Netzes, das sie im Kreislauf geborgen hält. Erst unser geistiger Austritt aus dieser Dynamik, die Auslagerung der Natur, der ökologischen Gesetzmäßigkeit aus unserem Sein, führt zu ebenjenem Ungleichgewicht, das wir wachsend erschaffen.

Doch so wie die in uns angelegte Gabe der Transzendenz, der spirituellen Öffnung unseres Geistes über uns selbst hinaus, um einer höheren Einheit bewusst zu werden, nie unser Wesen verließ, so ist auch das Gesetz der Ökologie noch immer Eigenschaft unseres inneren Seins. In all der Absonderung systemischer Abläufe, die uns in Ketten aus Produktion und dunkle Gänge ohne Tageslicht drängen, streben wir noch immer und im Wachsen des neuen Bewusstseins in erneuerter Intensität der Verbindung mit dem Natürlichen in uns und um uns herum entgegen. Jedes Atemholen außerhalb der Enge abgeschlossener Räume, jeder Schritt unseres Fußes auf Wegen, die nicht verhärtetes Pflaster sind, und jeder bewusste Austritt aus der Funktion und Eintritt in das Kraftfeld des Lebendigen ist Sinnbild unserer Sehnsucht, unseres inneren Bedürfnisses nach der Verbindung, der wir entstammen.

Denn vor dem inneren Geist unseres Wesens hat diese Trennung keine Gültigkeit, weil es selbst nichts anderes ist als die natürliche Welt, die uns durch lange eingeübtes Fokussieren auf Nutzen und Kapital außer uns erscheint, obwohl sie die tiefste Essenz unseres Inneren ist.

Wir Menschen sind nur wirksam in der Beziehung, der Resonanz, und jene zur Natur ist die grundlegendste, die allen anderen Facetten unseres Lebens und Wirkens übergeordnet ist. Für einen Geist, dessen Weg eine stetige Sensibilisierung für sich selbst und das Gefüge Welt ist, ist die Entfremdung von der Natürlichkeit des Seins ein großer Schmerz. Lange Zeit haben wir ihn nicht gespürt, doch im Zuge der beginnenden kollektiven Besinnung tritt er mehr und mehr zum Vorschein. Der Schmerzkörper der Erde ist der Schmerzkörper unseres Seins. Denn jedes Leiden, das wir einem Mitwesen zufügen, ist auch ein Schmerz in unserer eigenen Seele. Akte gegen das Leben sind Handlungen gegen uns selbst und ein Schaden, den wir an unserer Ganzheit verfügen. Darin wurzelt das Trauma, die Taubheit und die Angst, die in der Abkoppelung von der Natur als unserem Kraftfeld liegt.

Und auch hier liegt der Weg der Reintegration abermals in der Besinnung auf unser Dasein als im Universum verortete und in ebenjenem Gefüge geborgene und genährte Wesen. In der Anerkennung unserer selbst als nicht systemisch, sondern natürlich geprägte Wesen liegt der Beginn des Wiedereintritts in die Empfindung und Sensibilität für das Leben, das uns umgibt und selbst durchwirkt. Die fühlende, seelische Dimension ist der Beginn der Achtung, welche die Grundlage für Heilung jeder Beziehung ist. Achtung vor dem Leben des Mitwesens, welches sich in anderer Gestalt zeigt, in sich jedoch dieselbe Kraft trägt, die auch durch unsere Adern fließt.

Die Schaffung ökologischer Mechanismen unserer Lebensweise liegt in der Grundlegung der Reanimierung der inhärenten Ökologie unseres Seins, die wir als durch uns strömend wahrnehmen, sobald wir die Ebene der Empfindung für das Leben um uns herum öffnen.

Handlungen wider die Natur sind Handlungen außerhalb unserer Seele, schizophrene Züge, verfügt und erfordert durch ein Wirtschaften, das Materie aufgrund illusionärer Notwendigkeiten der Finanzen und Konkurrenz anzuhäufen bestimmt ist.

In der Realisierung unserer selbst als kosmische Wesen geistiger Erweiterung ist Ökologie die einzige Wahrheit und Folgerichtigkeit, die es geben kann. Der Fortschritt unseres Bewusstseins ist nichts anderes als der Wiedereintritt in das Feld der Verbundenheit. Ökologie ist die Dimension All-Verbundenheit an sich und Frieden eine zutiefst ökologische Sehnsucht. Und darin liegt keine Romantik, sondern die in sich bestehende Eigenschaft der natürlichen Welt, Gleichgewicht zu schaffen und stetig zu erneuern.

Mehr als eine äußere Struktur ist Ökologie also die Kraft einer Mentalität, deren Quelle die Öffnung für die Berechtigung des Lebens an sich selbst ist, frei von systemischer Forderung der Umwandlung in sinnleere Zwecke.

Eine Heilung der Beziehung zur Natur ist die initiale und grundlegendste Eigenschaft der Erweiterung unseres Bewusstseins. Keine Wiederentdeckung des individuellen Selbst vollzieht sich unabhängig von einer Wiederentdeckung der ganzheitlichen Einbettung in das große Wirken der natürlichen Welt, das der transformierte Geist als All-Verbundenheit wahrzunehmen fähig ist. Pflanzen, Tiere, Ökosysteme sind in der Essenz nicht außerhalb von uns, denn in ihnen finden wir dieselbe Kraft, die wir in uns selbst vermissten und durch Konzepte der Leistung in ihrer Souveränität der Wirkung untergruben. Die Natur ist keine Fremdheit, eine abgesonderte Um-Welt, aufgeteilt in Ressourcen messbaren Wertes. In der Natur sind unsere Seelen zuhause, darin sind wir verbunden und gesund. Ökologie meint nichts anderes als die Reintegration des Individuums in das Feld des großen Ganzen, das alles Leben hält. Diese Erkenntnis begleitet uns Menschen durch alle Phasen unserer Präsenz auf dieser Erde und nun ist es an der Zeit, sie in eine neue Lebensform zu überführen.

Durch die Ökologie als inhärente Eigenschaft unseres Seins ist uns die Möglichkeit gegeben, äußere Struktur in den Rhythmus des

Lebendigen zurückzuführen. In der Anerkennung einer sich kontinuierlich erneuernden Fülle kann dies in Leichtigkeit geschehen. Die Herausforderung der ökologischen Transformation liegt in der Überführung der Weisheit unseres Inneren in äußere Strukturen des Potentials.

Bereits heute ist mehr als genug Nahrung vorhanden, um die gesamte Weltbevölkerung mehr als einmal zu sättigen.

Die Sonne entsendet täglich so viel Energie auf die Erde, um den Energiebedarf der gegenwärtigen Abläufe mehrfach zu decken.

Doch solange wir eine Umweltpolitik der verbrannten Erde fortführen und Ressourcen in Dynamiken aufopfern, die eine gegenwärtige Struktur um ihrer selbst willen erhalten und die Begegnung der Unvermeidbarkeit des Wandels verzögern, wird das Genug, das bereits da ist, von uns unerkannt bleiben.

Die ökologische Krise ist keine Krise des Mangels, sondern eine der Fehlleitung der Kräfte. Eben deshalb wird die Kreation nachhaltiger Strukturen auch keinen Verlust schaffen, sondern eine Erneuerung, eine Neu-Erschließung des Weges in die Fülle, die ohne Gier ist, weil wir sie kreisläufig zu erneuern verstehen.

Einmal mehr sollten wir innehalten
Einmal weniger mehr wollen
Einmal
Heraustreten aus der Verselbstständigung
Stattdessen selbst
Verständigen, um
Einmal mehr zu wissen
Wir sind ganz
In uns

Strukturen des Potentials: das neue Welt-Verständnis

In der Erkenntnis des aufstrebenden Bewusstseins liegt der Auftrag, die Struktur der Welt grundlegend zu verändern. Denn ein Geist, der seine kosmische Fähigkeit zur Erweiterung der Horizonte über sich selbst hinaus begreift und erkennt, dass er fähig ist, in eine Meta-Ebene der All-Verbundenheit einzutreten, deren universelle Eigenschaft die Harmonie alles Belebten und Unbelebten ist, wird die gegenwärtige Struktur, die uns global umfängt, nicht länger als die eigene anerkennen, geschweige denn als Naturzustand begreifen.

Die vermeintliche Selbstverständlichkeit, die uns noch in der etablierten Dynamik unserer Lebensweise erscheint, ist nichts als ein Spiegel einer Unwissenheit über unsere eigentliche Natur, die sich uns im transformierten Geist offenbart. Diese Größe mag aus der irdischen Perspektive abstrakt und weltfremd anmuten, doch im Wachstum des neuen Bewusstseins, das sich bereits manifest zeigt in unserer beginnenden Wiedervereinigung mit der natürlichen Kraft von Planet Erde, in einer zunehmenden Hinwendung zu spiritueller, meditativer Praxis als Heilungsweg von den Spuren der erschöpfenden Struktur, in der aufbegehrenden Kraft der weiblichen Energie und auch in der Aufhebung von Glaubenssätzen der Abgrenzung durch konstruierte Definitionen wie finanziellem Status, Religion oder fest umschriebener Sexualität ist die neue

Freiheit bereits real. Und in dieser initialen Neuausrichtung, im Zuge der Lösung absolut geglaubter Instanzen, ist der Kern der gleichermaßen anzustrebenden wie aus der Evolution unseres Seins heraus entstehenden Struktur des Potentials bereits enthalten. Von dieser möchte ich als diejenige Möglichkeit sprechen, die ein Zusammenleben aller Wesen im Gleichgewicht umfasst und eine unbedingte Entfaltung der Lebendigkeit, sowohl auf individueller als auch auf kollektiver Ebene, integriert.

Doch wo liegt nun die Verbindung zwischen der alten Welt und dem neuen Geist? Was gilt es abzulegen, das wir im Gewahrwerden eines feineren Sinns unseres Seins nicht länger tragen wollen, weil es eine gleichsam zehrende wie sinnentfremdete Last darstellt?

Ausgangspunkt der Struktur des Potentials ist eine Verortung unserer selbst als unabhängige Instanz, der die Souveränität inne ist, das, was sie erschaffen hat, zu transformieren, indem sie alte Gesetze als nicht länger greifend erklärt. Denn hier liegt das größte Hemmnis, welches uns als Menschheit davon abhält, den Wandel zu kreieren, dessen Unerlässlichkeit immer deutlicher das Ringen mit der gegenwärtigen Struktur durchdringt und nicht nur die Zukunftsversprechen politisch Ambitionierter für sich einnimmt, sondern ebenso die Werbetafeln jener Schein-Instanzen zeichnet, die das alte Gefüge bislang repräsentieren.

Um zu begreifen, wo der Weg des Potentials beginnt, ist es essentiell, sich anzusehen, wo er im Gegenwärtigen stagniert.

All unser gegenwärtiges Handeln ist durch die Annahme charakterisiert, alles Streben sei dazu prädestiniert, in einer Generierung von finanziellem Kapital zu münden, welches bei denjenigen Akteuren zusammenläuft, die sich am besten darauf verstehen, Wege zu etablieren, die in größtmöglicher Effizienz die ebenso größtmögliche materielle Gestalt hervorzubringen vermögen. Irdische Ressourcen fungieren als Objekt der Grundlegung für einen Prozess, der gebietet, unablässig zu extrahieren, um ein konstruiertes Bedürfnis des Marktes zu befriedigen, welches sich aus seinem Gebot der Anhäufung stetig neu erschafft. Vor diesem Hintergrund ist das globale Gefüge der Wirtschaft und Politik einer Parallelwelt angehörig, die darauf basiert, Ressourcen zu separieren, in eine Form individuellen Besitzes zu überführen und somit die allumfängliche Verfügbarkeit aufzuheben. Ungleichheit ist sowohl Resultat als auch Nahrung dieser Dynamik, da nur aus ihr heraus die Animation entsteht, den »Anderen« im Konzept Wettbewerb zu überbieten.

In all dem liegt die Plausibilität des Systems Kapitalismus, welche wir als Selbstverständlichkeit unserer Welt anzunehmen lernten.

Dabei ist es weniger die sichtbare Gestalt dessen, die uns an sich bindet, als vielmehr die verborgenen Glaubenssätze, die es durchziehen und welche sich im gegenwärtigen Geist festgesetzt haben. Denn die Annahme der Notwendigkeit einer Umwandlung von Ressourcen in Kapital, um des Kapitals an sich willen, zeugt von einer Aberkennung des Wertes dieser Ressourcen an sich. Eine Zueignung materieller und finanzieller Güter mit individuellem Alleinverfügungsrecht impliziert die Vorstellung, dass jegliche Form des Wertes an sich niemals allen gleichermaßen dargeboten sein kann und dass eine natürlich gegebene Existenzgrundlage niemals frei von Verdienst im Sinne einer konstruierten Leistung besteht. Doch all diese sind Annahmen der Spaltung, Inschriften einer evolutionären Phase, da wir unsere Egos ausprobierten und unser Selbst vergaßen.

Treten wir also noch einmal zurück. Am Anfang des menschlichen Seins auf dieser Erde sind wir immer das Neugeborene, frei von Bezeichnung und Definition. In der Geburt sind wir alle unbeschrieben und nichts als ein in verletzlicher Gestalt eingebettetes Potential, dessen Kraft sich im irdischen Leben entfalten und ausdehnen will. Die Expansion im Sinne inneren Wachstums ist die einzige von Beginn an bestehende Gesetzmäßigkeit, unter der wir uns bewegen.

Innerhalb der Rahmen unserer eigenen Kreation ist also ein absolutes Gefüge der Welt, dessen Grundzüge an sich gebietendes Naturgesetz sind, lediglich Illusion. Denn welche Absolutheit sollte außerhalb des ökologischen Netzes des Gleichgewichts und Wachstums als Wiege unserer Geburt existieren, geschweige denn bindend sein? In der außerweltlichen Herkunft unseres Inneren, das erst in der Welt seine Prägung erfährt, liegt die Klarheit, die unseren Ausgangspunkt für die Kreation der neuen Struktur des Potentials darstellt. Im Beginn sind wir alle gleich. Warum sollte es außerhalb des Möglichen liegen, dies auch zu bleiben?

Besinnen wir uns darauf, dass alles Sichtbare in der unsichtbaren Bewegung unseres Geistes seinen Anfang nimmt. Alles, das für uns als kosmische Wesen, als Wesen des Bewusstseins, wahrhaftig bindend sein kann, ist der Glaubenssatz, den wir in unserem Geist als bindend festsetzen. In der Wahrnehmung unserer selbst als undefinierte Charaktere ist uns die Möglichkeit gegeben, mental aus der scheinbaren Selbstverständlichkeit der uns umgebenden Abläufe auszutreten und diese als genau das zu erkennen, was sie in der Essenz sind: Kreationen unseres Geistes. Und wenn wir nun beginnen die angenommene Pflicht der Kapitalgenerierung als ein Konstrukt zu begreifen, das wir in der Organisation unseres weltlichen Daseins arrangierten, eröffnen wir uns gleichermaßen den Raum, uns von diesem Gefüge zu lösen, nun da seine Gesetzmäßigkeiten sich als lebenswidrig erweisen. Denn nicht die bestehende Struktur ist Gestalter unserer Welt, sondern wir sind Gestalter der Dynamik, in die hinein wir uns selbst und unsere Leben geben.

Noch sehen wir uns in der Position, zu einer ungewollten, dem globalen Gefüge der Wirtschaftlichkeit hinderlichen Modifizierung unter ökologischen Gesichtspunkten genötigt zu sein, doch in dieser Betrachtung liegt ebenjener Grundsatz der Spaltung von der natürlichen Welt und ebenso von dem, dessen unser Sein wirklich bedarf. Denn wie kann es uns widerstreben, Bestehendes in eine Ökologie zu überführen, da doch der ökologische Grundsatz alles ist, das für uns Menschen bindendes Geburtsrecht ist, welches allein naturgegebene Fülle verspricht?

Die große Aufgabe, der wir als Menschheit nun zu dieser Zeitenwende gegenüberstehen, meint nicht eine widerwillige Anpassung eines etablierten Gefüges an krisengebotene Notwendigkeit. Sie liegt in der Erkenntnis, dass der Wandel ein kollektives Bedürfnis ist, das uns alle eint, ein wachsendes Bestreben, das mit der Neuverortung unserer selbst in der einen universellen All-Verbundenheit einhergeht. Was hätten wir noch zu fürchten, gestünden wir uns die globale Transformation als die einzige Folgerichtigkeit des aufstrebenden Geistes ein?

Die Grundlage des Beginns des strukturellen Umbruchs liegt in der Setzung des Wandels als oberstes Gebot, welches uns dazu *berechtigt*, bestehende Gesetze der Destruktivität außer Kraft zu setzen, um uns nicht länger in einer Betrachtung der Welt als ein Raster voneinander abgesonderter, konkurrierender Aspekte und Interessen selbst zu sabotieren.

Das, wovon ich vor allem anderen sprechen möchte, ist eine Entgrenzung von Ressourcen, durch die wir die Fülle, die uns seit jeher umgibt, erneut als gegenwärtige Realität begreifen. Dort, wo auf dieser Welt materieller Mangel herrscht, liegt nicht ein naturgegebenes Zu-Wenig zugrunde, sondern ein Festhalten des Zu-Viel auf der anderen Seite der globalen Wechselwirkung. Die Lösung des globalen Ungleichgewichts liegt in der absoluten Anerkennung dessen, dass nun alle Ressourcen benötigt sind, außerhalb der Verfügung durch einzelne Interessen. Letztere sind Illusion vor dem übergeordneten Allgemeininteresse des Wandels als Bewegung zur Gleichheit und Entfaltung, die allein unserer Natur entsprechen. Konkurrierende Besitzansprüche sind allenfalls gültig in dem System, dass es nun außer Kraft zu setzen gilt. Berücksichtigen wir Alleinverfügungen globaler Akteure über Ressourcen, während wir versuchen, in der Verteilung ebenjener Ausgleich zu schaffen, drehen wir uns weiterhin im Kreis auf derselben Ebene.

Im Geschehen der Pandemie kamen wir dem Szenario einer Ressourcenentgrenzung zwischenzeitlich sehr nah, als wir uns entschlossen, alle Kräfte zu mobilisieren, um sie in den Dienst eines übergeordneten Zieles zu stellen. Daran zeigt sich, dass alles, dessen wir wirklich bedürfen, um die Struktur des Mangels zu überkommen, der Entschluss ist, alles Verfügbare in die Einleitung des Wandels zu stellen. Um diesen genau jetzt und konsequent zu vollziehen, bedürfen wir der Vergegenwärtigung unserer selbst in der Souveränität des Bewusstseins der globalen Verbundenheit, aus der die Kraft erwächst, alles mobilisieren zu können. Auf diesem Planeten ist alles vorhanden – alle Nahrung, alle Fruchtbarkeit und alle Energie. Es ist an uns, diese Fülle in eine Ganzheit zu überführen, die keine Grenze mehr zwischen uns und ihrem Reichtum schafft.

Wie nun kann jedoch eine solche Struktur des Potentials ihren Anfang nehmen? Wo liegt der Punkt, den es vor allem anderen zu berühren gilt, um von Grund auf in ein Neues zu überführen, in dem eine solche Entgrenzung nicht nur temporär, sondern allgemeingültiger Grundsatz ist?

Tief eingewoben in die Grundzüge des gegenwärtigen Systems liegt die Vorstellung der Notwendigkeit des Erbringens von Leistung als Voraussetzung für den Erhalt unseres Lebens hier auf dieser Erde. Wo wir uns nicht in die bindenden Abläufe aus Extraktion und Produktion einordnen, scheint unser Sein seine Existenzberechtigung zu verlieren, denn Leistung führt zu Kapital und Kapital ist die Größe, der wir unsere Wege untergeordnet haben. Doch wenn wir uns erneut an unser aller Anfang als das Neugeborene erinnern, offenbart sich uns das Sein nicht als Essenz in sich selbst? Ist aus der Seele heraus betrachtet das Leben nicht eine freie Erfahrung, die einzig und allein dem inneren, geistigen und damit spirituellen Wachstum dient? Fortschritte dieser Dimension sind jedenfalls letztlich das, was uns von den zyklischen Prozessen als Frucht und neue Grundlage bleibt und was uns ermöglicht, als Menschheit stets in Bewegung zu bleiben und uns selbst neu zu erfinden. Die äußere Gestalt unseres Schaffens zerfällt über die Zeit, doch der innere Wandel, der sich vollzog, bleibt, um Grundlage einer neuen Gestaltung zu sein.

Im Bewusstsein unserer selbst als ungebundene Wesen, die sich selbst auf eine Weise zu begreifen vermögen, die frei ist von Nutzen und Zweck, zerfällt das Gebilde der gebietenden Leistung zu nichts als einer weiteren konstruierten Notwendigkeit einer Dynamik der Generierung marktfüllender Mittel, die oftmals weit abseits der Bereitstellung gesunder Lebensgrundlagen liegen.

Zweifellos erfordert es einen Einsatz von Kraft, den wir als Arbeit verstehen und die Kreation eines aktiven Prozesses, um die Ressourcen der Erde in eine Vielfalt unterschiedlichster Mittel des Lebens zu überführen sowie durch ebendiesen Prozess unserer Fähigkeit des schöpferischen Wirkens, die die Diversität unserer Kulturen ausmacht, Raum zu geben. Doch in all dem liegt noch kein Gebot der Unterordnung unserer selbst unter Dynamiken der Hochgeschwindigkeit und der wertenden und klassifizierenden Messung der Verrichtung eines Dienstes an dem uns umgebenden Gefüge.

»Seht die Vögel auf dem Felde. Sie säen nicht, sie ernten nicht, sie fahren nicht in die Scheunen, und Euer himmlischer Vater ernährt sie doch.« (Mt. 6, 26). Ob wir der nährenden Kraft, die uns umgibt und in die unser Sein eingebettet ist, den Namen Gott geben, sie in der Gestalt von Mutter Erde visualisieren oder lediglich als die natürliche Dynamik des Planeten begreifen, ist für die Lösung unserer selbst aus den erschöpfenden Abläufen der Leistungserbringung nicht von Belang. Vielmehr wird in diesem Zitat ein Vertrauen bezeugt, aus dem heraus wir uns als in ein schon lange vor uns bestehendes und gewachsenes Gefüge hineingeborene Wesen bereits in der Fülle der Ressourcen verorten und geborgen wissen können. Aus der Natur des Seins heraus besteht keine Nötigung zur Generierung eines wachsenden Mehr und Immer-Mehr, um unser Leben gehalten zu wissen.

Die Transformation unseres Welt-Verständnisses und demnach der Struktur des Gefüges, in das wir unsere Kräfte wirkend einordnen, ist also auch hier verankert in der grundlegenden Lösung unseres Geistes von einer konstruierten Struktur, die der Natur unseres Seins nicht entspricht.

Lassen wir ab von dem bislang als Naturnotwendigkeit angenommenen Konzeptes Leistung, erschaffen wir uns den Raum zu erkennen, dass das meiste dessen, dem diese Leistungserbringung dient, um der Leistung willen vollzogen wird und nicht aus einem Bedürfnis unseres Wesens an sich.

Die Ketten aus Produktion und Vermarktung sind nur eine Schein-Notwendigkeit in der Fülle der Ressourcen und überlagern unsere Sinne in dieser Eigenschaft mit materiellen Formen, die uns von der Erkenntnis des puren Wertes dessen, was uns nährt, entfernen. Es ist nicht unser Wesen, das die Überzahl der Produkte verlangt, mit denen wir gegenwärtig unsere Wahrnehmung fluten, sondern die Dynamik des Marktes, die sie als Grundlage des Kapitals erfordert.

So entlädt sich unsere individuelle und kollektive Energie in Prozessen, die nicht um unserer selbst willen bestehen, sondern uns selbst als Mittel brauchen.

Eine Struktur des Potentials jedoch ist nicht länger bestimmt von Parametern äußerer, physischer, materieller Expansion, die die Welt in imperialistischer Gesinnung überzieht. Vielmehr liegt ihr Fokus auf ebenjenem Wachstum, in das die Bewegung der Evolution unserer Spezies seit jeher leitet: geistigem, seelischem, innerem Wachstum. Die neuen Strukturen des Potentials richten sich aus an unserer Natur als spirituelle Wesen, die der Fähigkeit der Verbundenheit mächtig sind.

Die Fähigkeit der geistigen Meta-Perspektive lässt uns das erkennen und gleichzeitig die Möglichkeit sehen, dass die Struktur des Potentials nur einer kleinen Verschiebung der Realität bedarf. Es ist ebenjene Verlagerung, die bereits in unserem sich erweiternden

Bewusstsein angelegt ist, welches sich mit den eigentlichen Gesetzen der Natur vereint und Kreisläufe erschafft, wo bislang Linearität aus Fülle Mangel erzeugte. Alles Wissen um eine ökologische Lebensweise ist in der Natur bereits enthalten und wir vermögen es auch in uns selbst zu erkennen und in neue Strukturen der zyklischen Dynamik zu überführen. Doch der Durchbruch dieser neuen Lebensformen ist an die Lösung unseres Inneren von dem Konstrukt der Leistung gebunden, welche wiederum die Aufhebung der im gegenwärtigen Geist verankerten Gesetze der Spaltung durch Etablierung von Konkurrenz und Wettbewerb erfordert. So schließt sich der Kreis und wir haben die Wahl, entweder weiterhin unter Parametern bestehender Struktur grün geredete Elemente zu integrieren oder aber den Wandel voll und ganz anzunehmen und einen Entschluss zur Entgrenzung der Fülle der uns gebotenen Ressourcen zu fassen, in dem die Möglichkeit zur Erschaffung aller neuen Struktur liegt. Denn alles Kapital, was bislang Gültigkeit besitzt, liegt in unserer Hand. Wir müssen diese Größe nicht gänzlich außer Kraft setzen, um Neues zu kreieren, sondern vielmehr die Souveränität eines all-verbundenen Geistes reaktivieren, um in Freiheit mit ihr umgehen zu können, sodass sie uns allen dient und wir nicht länger ihr.

Entgrenzung von Ressourcen meint Befreiung von Potential – Potential, dessen Mobilisierung an die Schaffung einer soliden Grundlage gebunden ist. Denn wie soll der Geist atmen, wenn er sich ständig um die Sicherung von Materie drehen muss?

Vor dem gegenwärtigen Geist mag all das utopisch und absurd erscheinen. Doch ist es nicht längst viel absurder, Ressourcen, die uns allen dienen, einander vorzuenthalten? Ist es nicht längst viel absurder, einzeln separiert in kleinen Fahrzeugen uns selbst Lebensraum zu nehmen, wo wir uns alle kollektiv in großzügigen Netzen der Mobilität bewegen könnten?

Auf welcher Grundlage grenzen wir Ressourcen voneinander ab, wenn es doch ein gemeinsames Bedürfnis gibt, welches in einer heilen Erde und ausgewogener Verteilung liegt? Warum Schranken erhalten, die aus dem Zentrum des Eins-Seienden, das in uns allen lebt, nichts sind als Illusion? Nähmen wir alles, was bislang in Privatisierung großer kapitalhaltender Instanzen zurückgehalten ist und stellten es der Kreierung des Wandels zur Verfügung, gäbe es keinerlei Verlust. Denn die Transformation ist in unser aller Sinn, und Instanzen des Kapitals sind lediglich Gerüste einer vergehenden Ordnung.

Denn um in einer heilsamen Struktur des Potentials zusammenzuleben, bedürfen wir einer Verschiebung des Wertes des Kapitals hin zu dem Verständnis von Werten an sich. Gesundheit, Bildung, Kultur, Nahrung – all diese Werte können gedeihen, ausgehend von ihrer Befreiung aus der Unterdrückung des finanziellen Kapitalmarktes. Enteignen wir die Grundpfeiler dessen, des wir alle gleichermaßen bedürfen, von der sie umschließenden Hand des Kapitals, so können wir uns selbst geleiten in ein Gleichgewicht der Kräfte, in dem wir uns das, was wir brauchen, durch freie Gewährleistung zugestehen, anstatt es einander in illusionärer Separierung vorzuenthalten. So viel individuelles und kollektives Potential, das dem Gemeinwohl zu dienen bestimmt ist, heute an den Grenzen des Marktes scheitert, so viel Kreation könnte daraus erwachsen, würden wir sie um ihres Wertes selbst willen fördern und darin unserem geistigen Wachstum und seelischen Bedürfnis gerecht werden.

Die Grundlegung einer Struktur des Potentials ist die Aufhebung der Hierarchie zugunsten des Kapitals als Zweck und eine Überführung desselben in ein frei zu leitendes Mittel, wodurch wir alles zu erschaffen vermögen, was der globalen Transformation in eine ökologische, verbundene Lebensweise und damit uns allen dient.

Als Wesen des wachsenden Bewusstseins tragen wir die Souveränität in uns, Strukturen materieller Notwendigkeit in Dynamiken des aufstrebenden Geistes zu überführen, welche mit der Grundlage dessen beginnen, was wir einander lehren. Solange Bildung Leistung ist, kann der Geist sein Potential nicht betreten. Die Lehre der neuen Zeit ist frei von Bewertung und eine Einladung zu individueller Kreation.

Eine Struktur des Potentials basiert auch auf der Vereinigung bislang widersprüchlich gehaltener Facetten. Die Philosophien, Weisheitslehren und spirituellen Wissenschaften sowie das tief verwurzelte Wissen der Menschen jener Kulturen, die noch immer in direkter Resonanz mit ihrer natürlichen Umgebung leben, stehen in tiefem Kontakt zu ebenjenem inhärenten Wissen, welches als Grundlage der neuen Welt vonnöten ist. Es ist an uns, die Vielschichtigkeit der Aspekte als aus der einen Quelle der Wahrheit dieser Welt kommend anzuerkennen und in diesem Sinne als unsere eigene, urmenschliche zu begreifen und zu integrieren.

All das sind selbstverständlich Gedanken, die am Anfang stehen und noch keine konkret nachzuvollziehende Struktur repräsentieren. Doch dieses Kapitel ist mit der Intention geschrieben, offenzulegen, was unter der Verortung im neuen Bewusstsein des transformierten Geistes für uns Menschen möglich würde. Alles Notwendige liegt in der Berufung auf das neue Selbst-Verständnis, das unseren Geist entgrenzt und unser Sein zurück in seinen eigentlichen Naturzustand führt.

Wir Menschen sind Künstler und wir wollen atmen. Strukturen des Potentials ermöglichen diese Atmung. Es liegt bereits alles in uns, was wir für die Heilung unserer Spuren auf diesem Planeten sowie unserer selbst bedürfen. Das Jahrzehnt der Restoration hat begonnen. Wir säen und erwecken Landschaften zum Leben. Wir atmen uns in eine neue Spiritualität und erwecken uns zum Leben.

Was sich in unserem Geist vollzieht, ist auf feinstofflicher Ebene bereits längst erschaffen. In der empfundenen Ahnung des Neuen, in der Grundlegung durch erneuernde Gedanken liegt bereits der Anfang der Manifestation einer neuen Gestalt. Dies ist nicht nur Erkenntnis und Erfahrung spirituell praktizierender Menschen, sondern erweist sich durch die gesamte Geschichte der Menschheit, in der stets das Unwahrscheinlichste zu neuer wissenschaftlicher Grundlage wurde oder als eine bahnbrechende Idee den kollektiven Fortschritt in die Wege leitete, als Realität.

In der Kreation einer neuen Struktur des Potentials ersetzen wir die Frage nach der Wirtschaftlichkeit durch die Aufmerksamkeit für das, was wir in einem Bewusstsein unserer selbst als geistige Wesen zu tun in der Lage sind. In der aufrichtigen Hinwendung zu der Aufforderung, die die Wahrheit unseres Inneren jenseits scheinbarer Notwendigkeiten an uns richtet, finden wir die Form, in die sich ebendiese Empfindung durch unsere Hand übersetzen möchte.

Wir sind die Kraft der neuen Welt und
der Impuls, der sie verbreitet.
Wir sind die Atmung, die den Panzer sprengt,
die Hand, die sich im Herz verfängt
und die Klarheit, die beides bestreitet.[8]

All-Sein oder: Kaleidoskop

Es ist nun an der Zeit, den Kreis zu schließen und in diesem letzten Kapitel die einzelnen Facetten zusammenzuführen, denen sich dieses Buch bisher gewidmet hat. Denn in all dem geht es letztendlich um die Erkenntnis einer Essenz, die sich in unserem Inneren einzugliedern bestimmt ist und die deshalb eines besonderen Ausdrucks bedarf, der hier nun noch einmal eigenen Raum bekommen soll.

Die Zeitenwende, die sich zweifellos vollzieht, ist von einer Dimension, die weitaus größer ist als ihre einzelnen Aspekte und ebenso in eine Tiefe reicht, die noch jenseits der sichtbaren Umbrüche liegt, die immer energischer an die Oberfläche des globalen Geschehens drängen und die Macht der alten Struktur anfechten. Denn dem Beginn des systemischen Wandels zugrundeliegend ist eine ganzheitliche Transformation auf energetischer Ebene, die uns Menschen in einen bislang ausgeblendeten erweiterten Zusammenhang stellt, der alle Dynamiken des Gegenwärtigen in einer anderen Bedeutung erkenntlich werden lässt.

Inmitten zahlreicher Umbrüche, die das gegenwärtige Geschehen dieser Welt prägen, ist es an uns, eine Bedeutung zu erkennen, die nur durch die Kraft des Bewusstseins erfasst werden kann. Öffnen wir unseren Blick für die Prozesse jenseits des Sichtbaren, werden wir schon bald hinter den offensichtlichen Krisen dieser Zeit eine weitaus tiefgreifendere Dynamik gewahren, die über eine bloße Umstrukturierung des Bestehenden hinausgeht und die Grundlagen unseres Seins berührt. Denn alles, was wahrhaftig nur geschehen kann, ist die Veränderung auf der feinstofflichen Ebene unseres Geistes, dessen Entwicklung seit jeher die Evolution unserer Spezies prägt. In diesem Bewusstsein sind wir in der Lage, die äußeren Krisen nicht nur als Resonanz eines erschöpften Planeten zu begreifen, der sich gegen eine lang verübte destruktive Praxis der Ausbeutung wehrt, sondern ebenso und vor allem anderen als die Erschütterung, die sich vollzieht, wenn eine alte Struktur nicht länger mit der wachsenden geistigen Dimension in uns selbst vereinbar ist. Denn wir stehen mittlerweile an einem Punkt, da wir das Trauma der Welt erkennen und als Trauma unserer eigenen Seele anerkennen können. Ein Trauma, eigens verfügt durch den Irrweg eines Strebens, das in unersättlicher Generierung von Kapital in der allgegenwärtigen Fülle stets nur Mangel sah und diesen letztendlich selbst erschuf.

Doch bedeutet dies nun, dass Vergangenheit und Gegenwart unserer Spezies nichts als ein fatales Versagen kennzeichnet, welches wir uns nun eingestehen müssen? Fordert uns dies nun auf, alles zu leugnen, was wir bisher waren und um uns herum kreierten? Ich möchte sagen, dass es weder so einfach noch absolut ist.

In der Ganzheitlichkeit der Entwicklung ist jeder Schritt von Bedeutung und in der Betrachtung des großen Ganzen unerlässlich für das Durchschreiten der Stufen, die unumgänglich sind. Ohne diesen Schmerz erschaffen zu haben, würden wir der Wurzel seines Musters in uns nicht begegnen und im Prozess unserer Menschwerdung, unserer Bewusstwerdung, stagnieren und in blinden Flecken verweilen. Es geht nicht um Urteil, sondern um Erkenntnis. Deshalb liegt es nun umso mehr an uns, die Schädlichkeit der vergehenden Struktur anzuerkennen, um uns und den Planeten von ihr zu befreien. In uns zeigt sich immer deutlicher ein wachsendes Potential der Selbsterkenntnis, welches uns über die Kontur des weltlichen Gefüges hinausführt und eine Verortung in energetischen Zusammenhängen des Universums ermöglicht, durch die wir uns aus der Hemmnis gegenwärtiger Debatten um einzelne Aspekte herauszulösen vermögen.

Denn unter der Realisierung eines umfassenden Wandels, welchen unser Wesen verfügt, gliedert sich alles in einen sinnvollen Prozess ein, in dem einzelne Entscheidungen nicht in einem umschriebenen Bedeutungsrahmen getroffen werden, sondern in Anbetracht ihrer Wirkung für die umfassende Transformation. Den vielgestaltigen Steinen eines Kaleidoskops gleich, fügen sich somit die unterschiedlichen Aspekte des Umbruchs zu einem großen ineinander verschränkten Bild zusammen, das ebenjene tiefgreifende Transformation repräsentiert, an deren Anfang wir nun kollektiv stehen. In der Natur unseres Seins waren und sind wir nie anderes als geistige, seelische Wesen, deren Entwicklungsprozess von einer übergeordneten Bewusstwerdung gezeichnet ist, die über die gesamte Menschheitsgeschichte hinweg immer wieder jene entscheidenden Freiheitsimpulse hervorbrachte, die uns aus der Enge einschränkender Strukturen heraus und hinein in eine neue Grundlage des Weltverständnisses bewegten sowie uns kollektiv in reifere Formen des Zusammenlebens wachsen ließen. In diesem Sinne ist geistige Entwicklung die einzige Wahrheit, der wir uns wirklich sicher sein können.

Die drängende Forderung einer ökologischen Wende, das zunehmende Aufbegehren der Bevölkerung gegen Strukturen autoritärer Herrschaft und Monopole der Macht durch Staat und Konzern sowie die Befreiung der Weiblichkeit und Begegnung mit Religion, Sexualität und Kultur sind keine separierten Bestandteile, die es einzeln zu erörtern gilt.

Denn in all diesen Facetten lebt die Einforderung einer Potentialstruktur unter Aufhebung kapitalistisch-patriarchaler Gewalt sowie der Wille, Muster der Angst und Kontrolle abzustreifen, da sie nicht länger dem Selbst-Verständnis unseres Wesens angehören, das Spaltung nicht kennt.

In all dem sind wir Zeugen einer Zeitenwende, die Ausdruck jenes umfassenden evolutionären Schrittes der Menschheit ist, der in der Reanimierung unserer geistigen Natur sowie unseres inhärenten spirituellen Bewusstseins im Sinne der kosmischen All-Verbundenheit seinen Anfang nimmt. In der Anerkennung der Notwendigkeit und Folgerichtigkeit eines grundlegenden Wandels der Struktur unseres Weltgefüges, erschaffen wir uns die Räume, die uns von mühsamer Modifizierung einzelner struktureller Anteile zu der Möglichkeit leiten, von Grund auf neue Dynamiken des Wirtschaftens und Zusammenlebens aufzubauen.

Das Netz der Natur, in dem unser Sein aufgespannt ist, hält uns immer, wenn wir uns entschließen, kreisläufig im Einklang mit seinen Gesetzen und in Achtung aller Geschöpfe zu leben. Im Naturzustand des Seins gibt es keinen Kampf, nur ein Gleichgewicht einander bedingender Kräfte. Diese Wahrheit lebt seit jeher auch in uns. Und in ebenjener inhärenten Ökologie unseres Wesens zeigt sich, dass die ökologische Transformation weder Mangel noch Verzicht bedeutet, sondern im Gegenteil eine Hinwendung zur Fülle, die wir in Wertschätzung und Besinnung auf das, was wir als Menschen brauchen, kreisläufig in die Schöpfung zu überführen beauftragt sind.

Nur einen kleinen Schritt abseits des gewöhnlichen Gefüges, das uns aus unserem Wesen heraus und hinein in die Funktion drängt, finden wir die Wahrheit der kosmischen Schwingung, die wir alle teilen. Der Vergegenwärtigung unserer selbst in unserer Natur als im Einklang schwingen wollende Wesen kann die Illusion der Notwendigkeit von Gewalt nicht standhalten. Denn wogegen gilt es noch zu kämpfen, wenn es im Wandel nur ein einziges Sinnziel der Harmonie aller Kräfte geben kann, das uns als Menschheit vereint?

Wir sind nicht die Destruktivität, die Missachtung und Manipulation. Es ist nicht unser Wesen selbst, das die lebenswidrige Struktur erhalten will, sondern die Identifikation des Geistes mit Glaubenssätzen des Kampfes und Rollenformaten innerhalb des Bestehenden, die uns noch davon abhalten, als die Seele zu handeln, die wir sind.

Vor der seelischen Instanz kosmischer Dimension der All-Verbundenheit als Gesetz des universellen Gleichgewichts, ist die

Unterbindung der Befreiung von der systemverfügten Nötigung zu Brutalität, Ausrottung und Ausbeutung nichts als eine toxische Matrix, die es kraft unseres Bewusstseins aufzulösen gilt. Denn die gegenwärtige Struktur ist nichts als ein Muster, das uns vergessen lässt, welches Licht durch unsere Hände zu fließen bestimmt ist. So lebt in uns die Fähigkeit, uns selbst als »Interbeings« zu erkennen, als all-verbundene Wesen, die ihre Kraft niemals unabhängig von dem sie haltenden und stetig neu hervorbringenden Netz annehmen. Es ist an der Zeit, »dass wir gemeinsam die *Seelenwunde*, von der wir alle gezeichnet sind, heilen können und müssen. Dadurch werden wir die strahlenden Möglichkeiten und das tiefgehende Potential unserer wahren und gemeinsamen Natur als Menschheit erkennen, eine gemeinschaftliche Gattung von Lebewesen innerhalb der großen kosmischen Ordnung.«[9]

Im Pulsieren des Lebendigen sind wir alle gleich. Die Schwingung des Klangs, in dem wir aufgehen, die Faszination in der Erkenntnis purer Schönheit der Natur, die wir selbst sind. Und in der Sehnsucht nach der Entfaltung unseres ureigenen inneren Potentials, das den Raum des Friedens und der ökologischen Verbundenheit braucht, um zu gedeihen. Denn darin zeigt sich die wahre Expansion, zu der wir bestimmt sind.

Die Realisierung des transformierten Geistes als transzendentale Fähigkeit in uns verlangt keine Leugnung jeglicher materieller Struktur, denn durch ihn erkennen wir unsere Freiheit, ebendiese im Sinne unseres aufstrebenden Wesens zu gestalten.

Alles, was es wahrhaftig zu erkennen gilt, ist die Natur unseres Wesens als lichtvolle Instanz, in der wir die Fähigkeit haben, in Leichtigkeit zu heilen, sobald sie sich dieser Energie bewusst wird und diese als Souverän der Gestaltung des weltlichen Gefüges in Bahnen der Regeneration und Kreation führt.

Denn die neue Welt ist bereits sichtbar, sie lebt seit jeher in der inhärenten Ökologie unseres Seins und ist nun bereit, in der Restoration des natürlichen Lebensraumes Erde sowie der Gestaltung einer globalen Struktur des Gemeinwohls sichtbar zu werden.

Als Träger und Trägerinnen des Lichtes ist es an uns, dieses Potential als Wahrheit in uns selbst neu zu integrieren und uns für ein Wirken als Pioniere der Heilung zu entscheiden. Im Bewusstsein, dass wir als unabhängige, selbstbestimmte Seelenwesen all das sein können, wenn wir nur den Wandel als Wahrheit anerkennen, erlangen wir die Souveränität, unsere Kräfte auf eine Weise zu mobilisieren, durch die wir die Grenzen des Bisherigen überschreiten und unser Wirken in den Dienst der Erneuerung stellen. Zusammenfügen ist die Aufgabe unserer Zeit.

Dort, wo ein Mensch
sich über den Lärm der Welt erhebt
sich ausrichtet
von Nord nach Süd
und
von Himmel zu Erde
die Brust weitet und neuen Atem nimmt
dort beginnt die Heilung der Welt.

Anmerkungen

1 Mit der Bezeichnung »Geist« umfasse ich diejenige Instanz des menschlichen Bewusstseins, die über den rationalen Verstand hinausgeht und in diesem Sinne unsere ganzheitliche Wahrnehmungsfähigkeit in sich trägt. »Geist« ist also stets auch unter Einbezug der tieferliegenden seelischen Ebene zu lesen, aus der heraus wir Menschen in Resonanz mit der Welt treten.

2 Vgl.: Immanuel Kant: »Grundlegung zur Metaphysik der Sitten«, S. 77, Felix Meiner Verlag, 2016

3 Dekade der Restoration: Von den Vereinten Nationen wird das gegenwärtige Jahrzehnt (2021-2030) als Dekade der Restoration bezeichnet, welches der Wiederherstellung und den Schutz der Ökosysteme der Erde gewidmet sein soll und sich durch Restoration von Landschaften, Minderung von Klimawandelfolgen sowie den in diesem Zusammenhang stehenden Erhalt der Artenvielfalt und Entgegenwirken globaler Armut charakterisiert.

4 Zeitalter des Wassermanns: In der Astrologie bezeichnet der Eintritt in das Zeitalter des Wassermanns den Übergang in einen neuen Zyklus, der die Welt maßgeblich prägt. Unter dem Einfluss des genannten Sternzeichens gewinnen Klarheit, Erfindergeist, Wissen, Schöpferkraft und vernetztes Denken und Handeln an Bedeutung. Die Phase des Übergangs umfasst einen längeren Zeitraum, wird jedoch als gegenwärtig beginnend und in seiner Wirkung stark ansteigend verstanden und wahrgenommen. Vgl. auch S. 22.

5 »Schmerzkörper« ist ein von Eckhart Tolle geprägter Begriff, welcher die Summe und Wechselwirkung aller Leiden und traumatischer Spuren meint, welche sowohl auf individueller als auch auf kollektiver und planetarer Ebene bestehen und durch destruktive, manipulative und andere schädliche Geisteshaltungen und Handlungen erschaffen und genährt werden.

6 »Interbeing« meint die allumfassende wechselseitige Verbindung alles Belebten und Unbelebten auf der Erde und im Universum, durch die keine Kraft unabhängig von allen anderen besteht. Der Begriff wurde

von Thich Nhat Hanh eingeführt und bedeutet in der Essenz ebendas, was ich als All-Verbundenheit bezeichne.

7 Als LichtarbeiterInnen verstehen sich Menschen, die ihre energetische und physische Kraft dafür einsetzen, verwundete Aspekte des Planeten und der Menschheit zu heilen und diese somit in eine neue Ebene der positiven Wechselwirkung zu überführen. Ich spreche hier von Lichtarbeit als einer Fähigkeit, die jedem Menschen innewohnt, da sie von geistig-seelischer Qualität und daher uns allen unterschiedslos als Möglichkeit des Wirkens gegeben ist.

8 »bestreitet« ist hier im Sinne von »in die Tat umsetzen« zu lesen, nicht im Sinne von »leugnen«.

9 Thomas Hübl: »Kollektives Trauma heilen. Persönliche und globale Krisen verstehen und als Chance nutzen«, S.31, München: Irisiana Verlag, 2021

Über die Autorin

Nora Philine Hansing wurde im März 2001 in Heidelberg geboren.

Bereits als junges Mädchen nahm sie ein tiefgreifendes Ungleichgewicht in der Beziehung des Menschen zur Natur wahr, wodurch sie sehr früh begann, sich mit dem destruktiven Einwirken des Menschen in die natürliche Welt und dessen systemischer Verankerung auseinanderzusetzen. In ihr wuchs die dringende Absicht, mit ihrer Stimme zu einer global notwendigen Transformation im Sinne einer ökologischen Wende und geistig-seelischen Sensibilisierung beizutragen.

Somit entdeckte sie das Schreiben als ihren Weg, ihrer Weltbetrachtung Ausdruck zu verleihen und diese mit ihrer Botschaft des Wandels zu verbinden und nach außen zu tragen.

Nora Philine Hansings Leben und Wirken sind geprägt von einer tiefen, erdverbundenen Spiritualität, welche sowohl durch intensive Naturerfahrung als auch durch die Kraft ganzheitlicher Bewegungskünste und Philosophien wie Yoga und Qi Gong genährt wird.

Auch die Integration gesellschaftskritischer und transformativer Perspektiven durch Lektüre von Werken mit ganzheitlichem und nachhaltigem Bezug ist für sie bedeutender Teil des Prozesses eigener geistiger Weiterbildung und -entwicklung.

Essenz ihres Wirkens als Autorin ist es, den Zusammenhang zwischen den vielgestaltigen Krisen unserer Zeit mit dem kollektiven geistig-spirituellen Zustand der Menschheit offenzulegen und Grundgedanken für eine geheilte Mentalität zu vermitteln.

Zur Zeit der Drucklegung dieses Buches studiert Nora Philine Hansing Religionswissenschaften an der Universität Leipzig.

Nora Philine Hansing
ERWACHSEN
Die neue Welt beginnt in uns
Paperback, 100 Seiten
ISBN 978-3-347-19090-0

»Die fundamentale Krise unserer Welt ist eine Manifestation der fundamentalen Krise unseres Seins.«
Mit »Erwachsen – die neue Welt beginnt in uns« fordert uns Nora Philine Hansing auf, die Strukturen der Welt von Grund auf zu hinterfragen und die Zeichen der Zeit in einem gänzlich erneuerten Zusammenhang zu erkennen. Ausgehend von den Umbrüchen der Corona-Pandemie eröffnet sie in diesem Buch erweiterte Perspektiven auf Verhängnis und Aufgabe der Menschheit in dieser Zeit vielschichtiger Transformation.

In deutlichen, teils schonungslosen Worten werden die strukturellen Grundlagen der Welt, wie wir sie kennen, in ihrer lebensentfremdeten Absurdität entlarvt und ein tiefes Verständnis der ihr zugrundeliegenden geistigen Verirrungen geschaffen, welches in die Aussicht auf die Kreation einer erneuerten, ökologischen und geistig regenerierten – da von alten Glaubenssätzen befreiten – Vision gewandelten Daseins mündet.

»Erwachsen« ist getragen von einer tiefgreifenden Botschaft: Bevor wir bereit sind, die Welt zu erneuern, müssen wir uns selbst durchschauen, denn: Die neue Welt beginnt in uns.

Der Mensch wird die Erde nicht retten…
aber vielleicht die Erde den Menschen

Die Vorstellung vom Menschen als dem denkenden Wesen und vom Rest der Welt als der unbewussten Biosphäre ist noch relativ jung – und völlig falsch. In ihrer Rückschau in die Menschheitsgeschichte, durch ihre Fragen, was Geist, Gehirn und Denken eigentlich sind, und in ihrer Betrachtung der Lebensstufen des Menschen legt Dolores LaChapelle überzeugend dar, dass nur-menschliches Wissen allein nicht ausreicht, um ein globales ökologisches Gleichgewicht zu erreichen. Vielmehr muss sich unser menschlicher Geist wieder dem Geist-im-Großen, der Weisheit der Erde anschließen.

Dolores LaChapelle
Weisheit der Erde
Von der Erde lernen heißt leben lernen
Paperback, 384 Seiten, mit 25 s/w-Fotos
ISBN 978-3-89060-610-1

Mitgehen in der großen Umwandlung der Erde

Es ist unmöglich, die auftauchenden ökologischen und sozialen Herausforderungen allein auf der physischen Ebene zu lösen – die archetypischen Ebenen verlangen nach Aufmerksamkeit. Mit ihnen befasst sich der weltbekannte Bildhauer, Land- Art-Künstler und Geomant Marko Pogačnik schon lange. Und mit diesem Buch möchte er allen, die für diese Ebenen offen sind, helfen, sich auf die kommende Zeit einzuschwingen und die Erde in ihrem Wandlungstanz zu begleiten.

Marko Pogačnik
Wandlungstanz der Erde
Ein Führer durch die Herausforderungen der jetzigen Zeit
Klappenbroschur, 208 Seiten
ISBN 978-3-89060-762-7

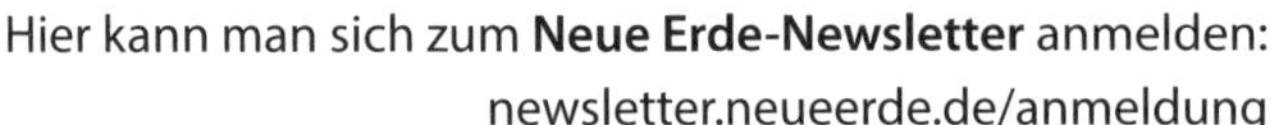

Hier kann man sich zum **Neue Erde-Newsletter** anmelden:
newsletter.neueerde.de/anmeldung

NEUE ERDE im Buchhandel

Neue Erde ist ein kleiner unabhängiger Verlag, und der unabhängige Buchhandel ist unser natürlicher Partner. Wir unterstützen die Initiative »buy local«.

Sollte es Lieferschwierigkeiten bei den Büchern von NEUE ERDE geben, lassen Sie immer im VLB (Verzeichnis lieferbarer Bücher) nachsehen, im Internet unter **www.buchhandel.de**

Alle lieferbaren Titel des Verlags sind für den Buchhandel verfügbar.

Sie finden unsere Bücher auch auf unserer Homepage **www.neue-erde.de** oder in unserem Gesamtverzeichnis, welches Sie gerne hier anfordern können:

NEUE ERDE GmbH
Cecilienstr. 29 · 66111 Saarbrücken
info@neue-erde.de